JN062459

ヨーロッパ～東欧～ロシア

いろんな民族と言語に出会う

鉄道の旅

新田 浩之

はじめに

本書は2020年8月に自費出版した『ロシア・ヨーロッパの鉄道旅行について書いてみた』を元にしている。

私は2009年~2019年にかけてロシア、東ヨーロッパ、中央ヨーロッパを鉄道を使って旅してきた。しかし、2020年にはじまった新型コロナウイルス感染症拡大の影響により、海外旅行が事実上不可能になった。そこで友人からの勧めもあり、旅行エッセイの出版に踏み切ったのが本書の執筆のはじまりである。

2020年から3年が過ぎたが、2022年2月24日には私の人生にも、そしておそらく世界史にも残るであろう出来事が起きた。そう、ロシアによる大規模なウクライナ侵攻である。

戦争ということもあり致し方がない面もあるが、ロシア、中東欧におけるセンセーショナルなニュースが相次いでいる。また国内においても意見の相違を発端とする日本人同士の対立が生まれている。

本書は２００９年～２０１９年の旅行を基にしているため、２０２２年2月からはじまった戦争の話題には一切触れていない。また過去の戦争について触れた箇所はあるが、一歩引いた目線で観察し、穏健な表現を心掛けたつもりだ。だから安心して読んでもらいたい。

戦争・コロナ禍直前のロシア、中東欧がどのような様子だったのか。私の観察を通じて、少しでも当該地域に興味を持って頂ければ幸いだ。
※本文中の情報は基本的に旅行当時のものです。今後、ロシア・中東欧へ渡航する場合は最新情報を取得することをおすすめします。

２０２３年1月吉日　新田　浩之

目次

第一部——地図と鉄道路線図

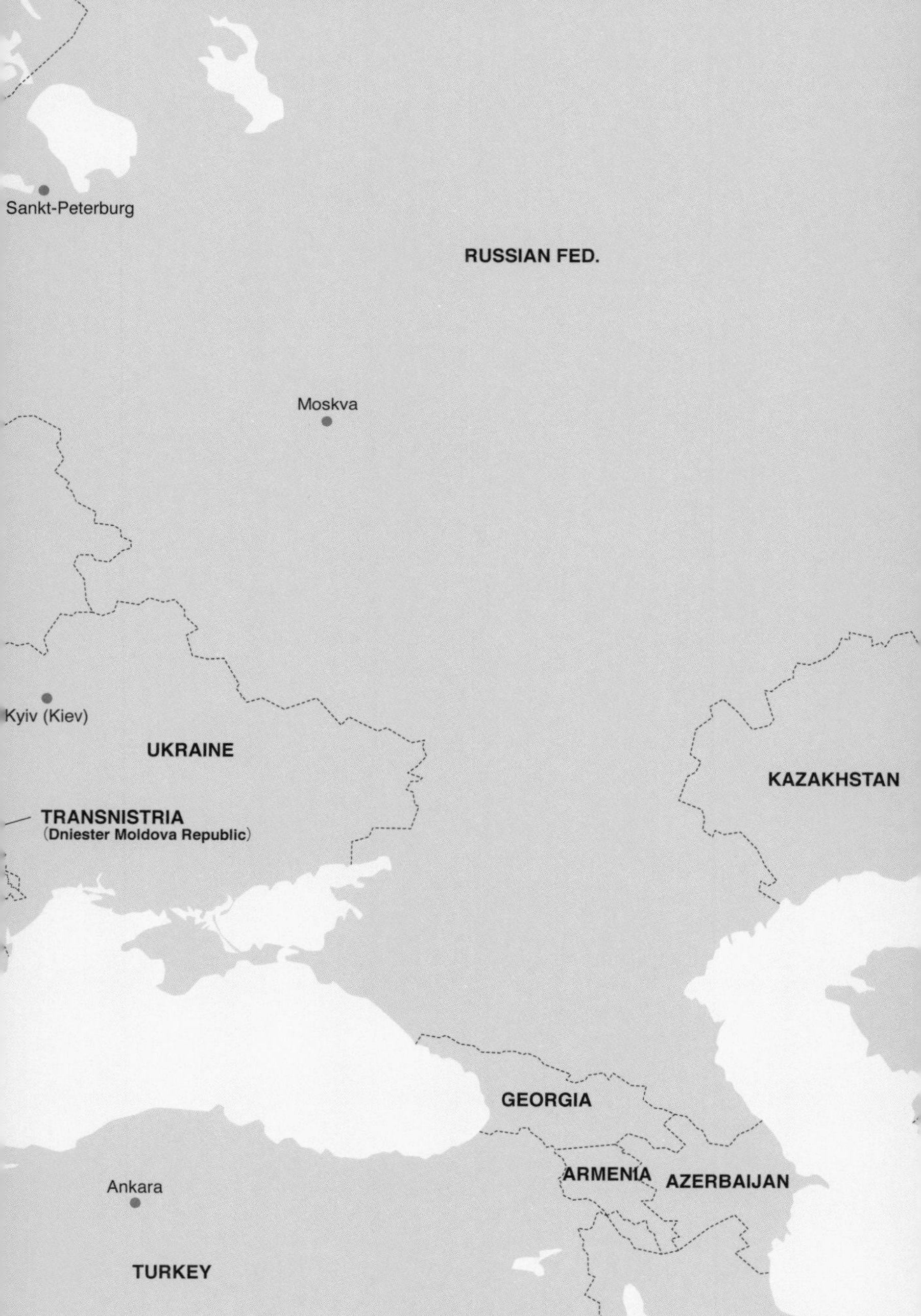
Sankt-Peterburg
RUSSIAN FED.
Moskva
Kyiv (Kiev)
UKRAINE
KAZAKHSTAN
TRANSNISTRIA
(Dniester Moldova Republic)
GEORGIA
ARMENIA
AZERBAIJAN
Ankara
TURKEY

FINLAND
NORWAY
SWEDEN
Oslo
Helsinki
Stockholm
ESTONIA
LATVIA
DENMARK
Kobenhavn
LITHUANIA
Minsk
NETHERLANDS
Berlin
BELARUS
Warszawa
GERMANY
POLAND
BELGIUM
CZECH REP.
SLOVAKIA
FRANCE
Wien
AUSTRIA
MOLDOVA
SWITZERLAND
HUNGARY
SLOVENIA
ROMANIA
CROATIA
ITALY
BOSNIA-HERZEGOVINA
SERBIA
BULGARIA
Roma
MONTENEGRO
KOSOVO
NORTH MACEDONIA
ALBANIA
GREECE

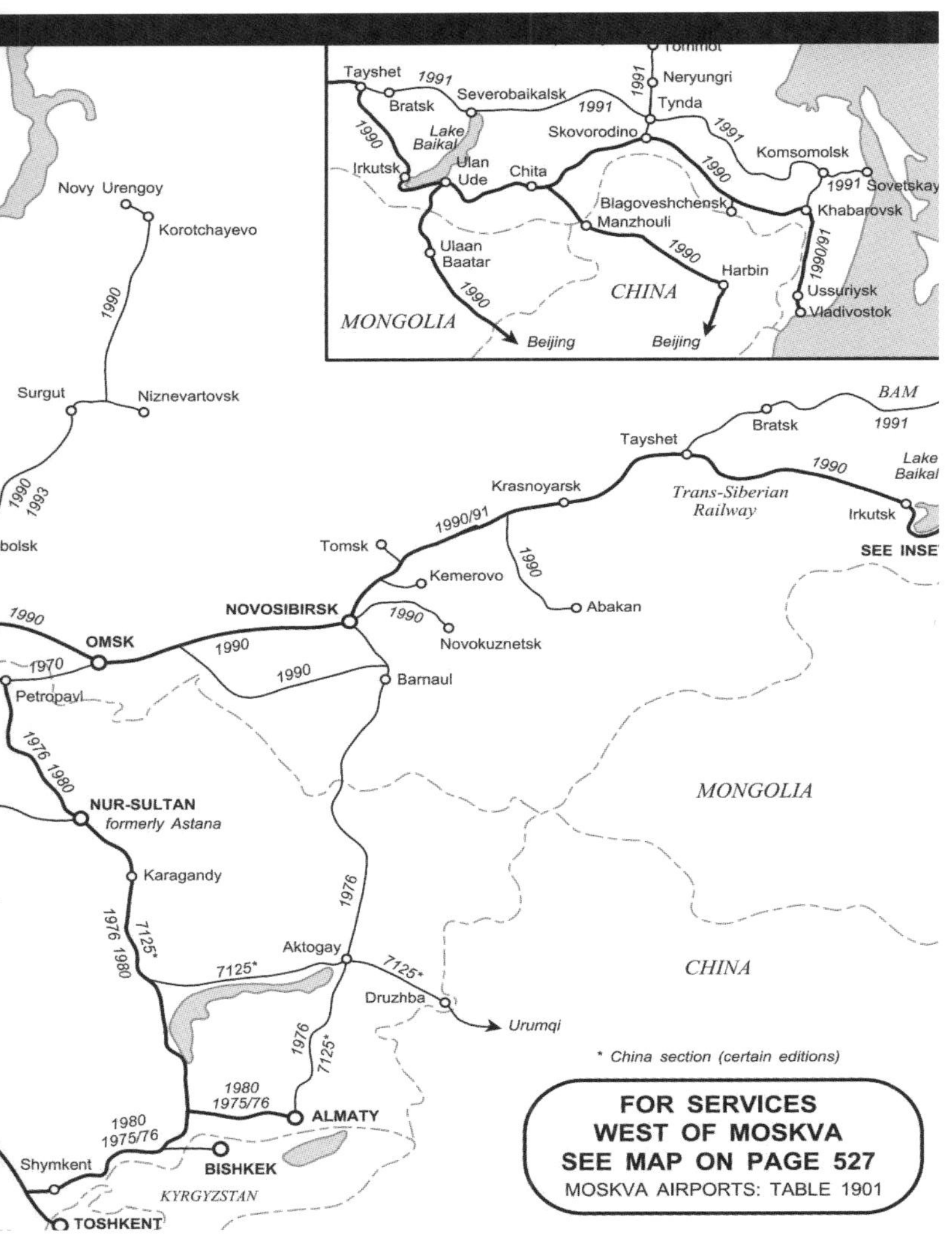
Tayshet
1991
Bratsk
Severobaikalsk
1991
Neryungri
Tynda
1990
Lake Baikal
Skovorodino
1991
Komsomolsk
Irkutsk
Ulan Ude
Chita
1990
1991
Sovetskay
Blagoveshchensk
Khabarovsk
Manzhouli
Ulaan Baatar
1990
Harbin
1990/91
CHINA
Ussuriysk
Vladivostok
MONGOLIA
Beijing
Beijing
Novy Urengoy
Korotchayevo
1990
Surgut
Niznevartovsk
BAM
Bratsk
1991
Tayshet
1990
Lake Baikal
Krasnoyarsk
Trans-Siberian Railway
Irkutsk
1990
1993
1990/91
Tomsk
SEE INSET
Kemerovo
1990
Abakan
1990
NOVOSIBIRSK
1990
OMSK
1990
Novokuznetsk
1970
1990
Barnaul
Petropavl
1976 1980
MONGOLIA
NUR-SULTAN
formerly Astana
Karagandy
1976
1976 1980
7125*
Aktogay
7125*
7125*
CHINA
Druzhba
Urumqi
1976
7125*
* China section (certain editions)
1980
1975/76
ALMATY
1980
1975/76
Shymkent
BISHKEK
KYRGYZSTAN
TOSHKENT
FOR SERVICES
WEST OF MOSKVA
SEE MAP ON PAGE 527
MOSKVA AIRPORTS: TABLE 1901

ロシア・シベリア

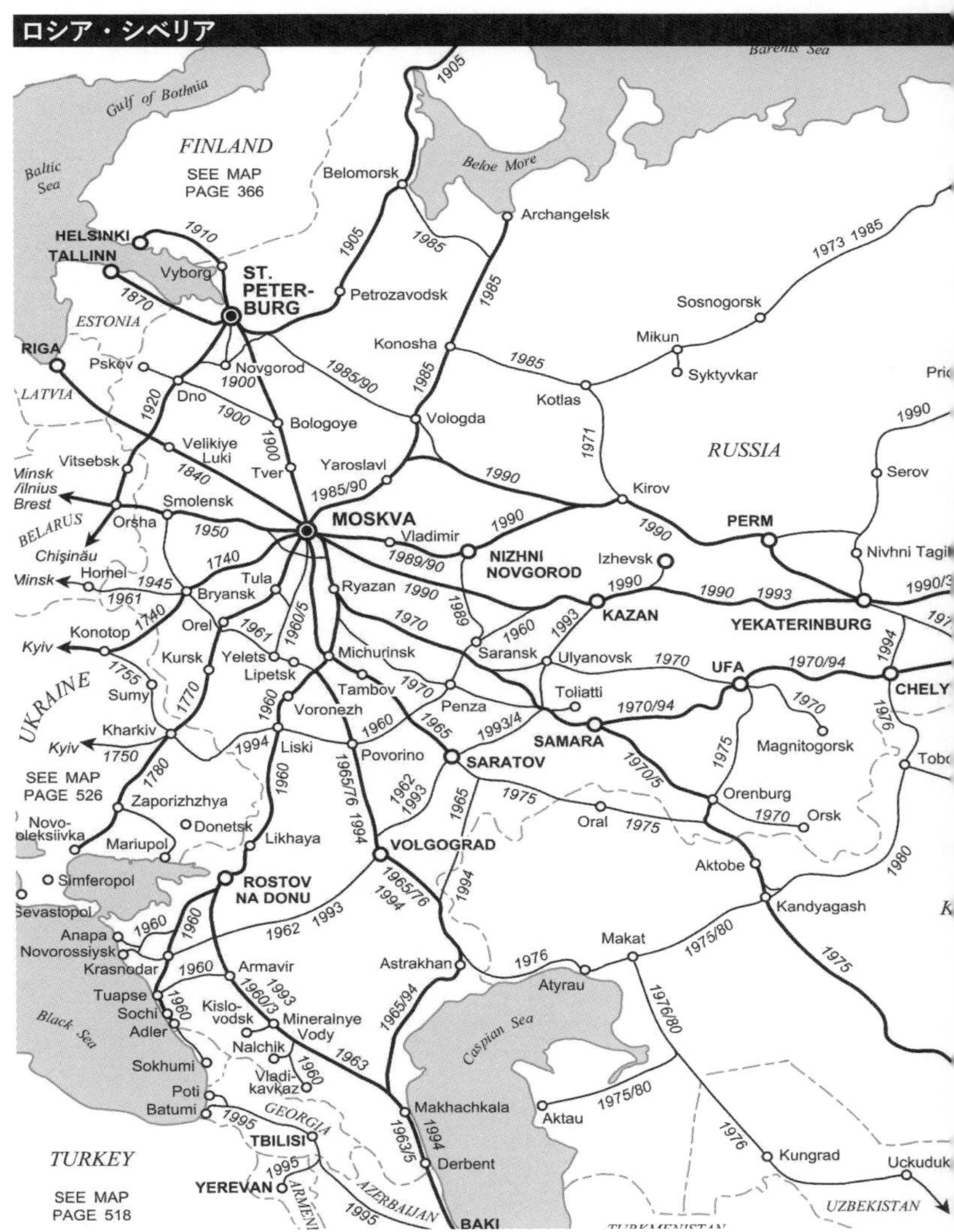

Barents Sea
Gulf of Bothnia
FINLAND
SEE MAP
PAGE 366
Baltic Sea
Beloe More
Belomorsk
Archangelsk
HELSINKI
TALLINN
Vyborg
ST. PETER-BURG
Petrozavodsk
ESTONIA
Sosnogorsk
Mikun
Syktyvkar
Konosha
RIGA
Pskov
Novgorod
LATVIA
Dno
Bologoye
Vologda
Kotlas
Velikiye Luki
Vitsebsk
Tver
Yaroslavl
RUSSIA
Serov
Minsk
Vilnius
Brest
Smolensk
Kirov
Orsha
MOSKVA
PERM
BELARUS
Vladimir
Nivhni Tagil
Chişinău
NIZHNI NOVGOROD
Izhevsk
Hornel
Tula
Minsk
Bryansk
Ryazan
KAZAN
YEKATERINBURG
Konotop
Orel
Kyiv
Kursk
Yelets
Michurinsk
Saransk
Ulyanovsk
UFA
Lipetsk
CHELY
Sumy
Tambov
Toliatti
UKRAINE
Voronezh
Penza
Magnitogorsk
Kharkiv
SAMARA
Kyiv
Liski
Povorino
SARATOV
SEE MAP
PAGE 526
Zaporizhzhya
Orenburg
Oral
Orsk
Novo-oleksiivka
Donetsk
Likhaya
Mariupol
VOLGOGRAD
Aktobe
Simferopol
ROSTOV NA DONU
Sevastopol
Kandyagash
Anapa
Novorossiysk
Makat
Krasnodar
Armavir
Astrakhan
Atyrau
Tuapse
Sochi
Adler
Kislo-vodsk
Mineralnye Vody
Black Sea
Caspian Sea
Nalchik
Sokhumi
Vladi-kavkaz
Poti
Batumi
Makhachkala
Aktau
GEORGIA
TBILISI
TURKEY
Derbent
Kungrad
Uckuduk
SEE MAP
PAGE 518
YEREVAN
ARMENIA
AZERBAIJAN
BAKI
UZBEKISTAN

旧ソ連

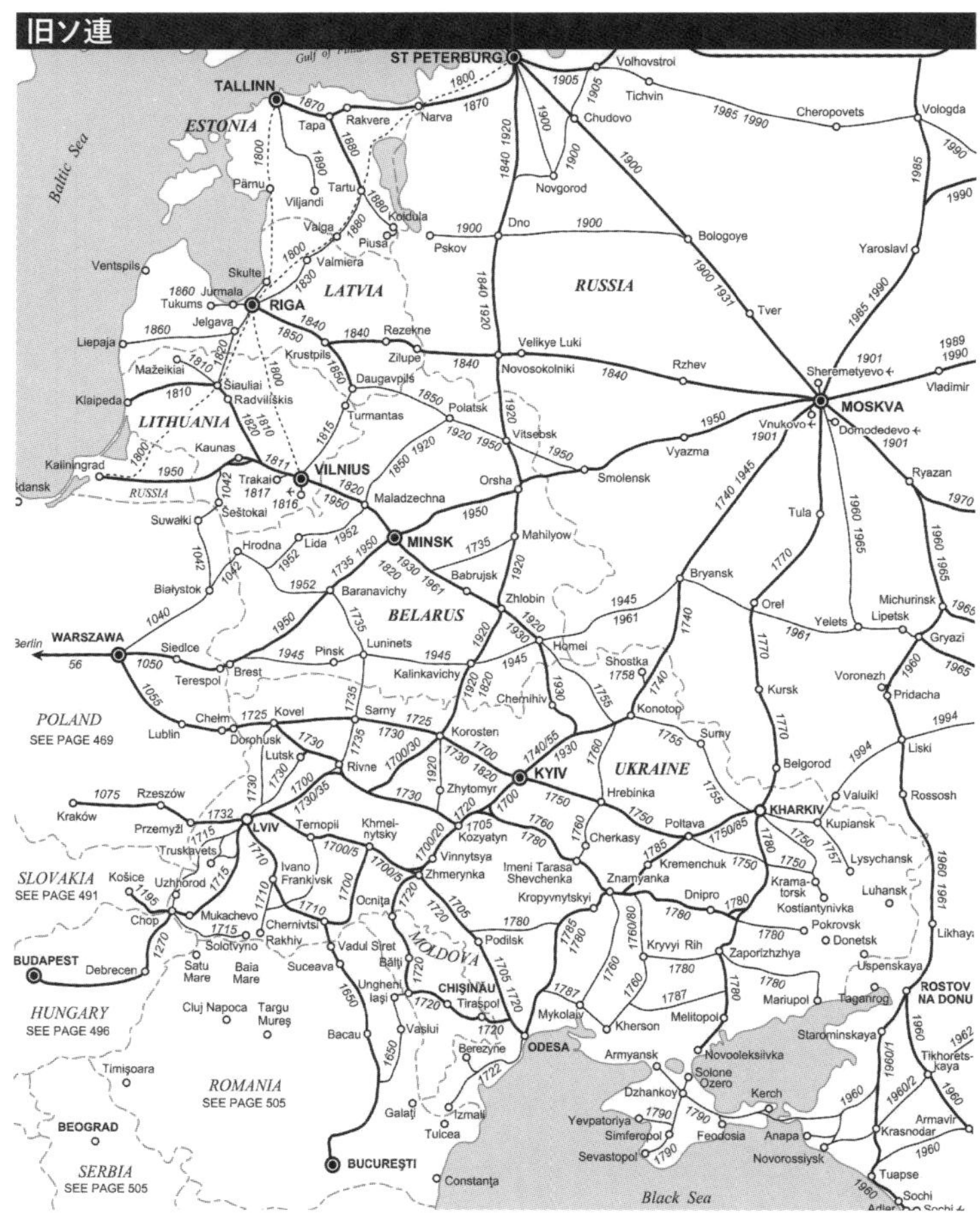

Gulf of Finland
ST PETERBURG
Volhovstroi
Tichvin
Chudovo
Cheropovets
Vologda
TALLINN
ESTONIA
Baltic Sea
Tapa
Rakvere
Narva
Pärnu
Viljandi
Tartu
Novgorod
Koidula
Valga
Piusa
Pskov
Dno
Bologoye
Yaroslavl
Ventspils
Skulte
Valmiera
LATVIA
RUSSIA
Jurmala
Tukums
RIGA
Tver
Liepaja
Jelgava
Rezekne
Krustpils
Zilupe
Velikye Luki
Novosokolniki
Rzhev
Sheremetyevo
Vladimir
Mažeikiai
Daugavpils
Klaipeda
Šiauliai
Radviliškis
Turmantas
Polatsk
MOSKVA
LITHUANIA
Vitsebsk
Vnukovo
Domodedevo
Kaunas
Vyazma
Kaliningrad
Trakai
VILNIUS
Smolensk
Ryazan
Gdansk
RUSSIA
Šeštokai
Orsha
Maladzechna
Suwałki
Tula
Hrodna
Lida
MINSK
Mahilyow
Babrujsk
Bryansk
Białystok
Baranavichy
Zhlobin
Orel
BELARUS
Michurinsk
Yelets
Lipetsk
Gryazi
Berlin
WARSZAWA
Siedlce
Pinsk
Luninets
Homel
Terespol
Brest
Kalinkavichy
Shostka
Voronezh
Pridacha
Kursk
Chernihiv
POLAND
SEE PAGE 469
Chełm
Kovel
Sarny
Konotop
Lublin
Dorohusk
Korosten
Sumy
Liski
Lutsk
Rivne
KYIV
UKRAINE
Belgorod
Zhytomyr
Hrebinka
Valuiki
Rossosh
Kraków
Rzeszów
KHARKIV
Przemyśl
LVIV
Ternopil
Khmelnytsky
Kozyatyn
Poltava
Kupiansk
Truskavets
Vinnytsya
Cherkasy
Lysychansk
SLOVAKIA
SEE PAGE 491
Košice
Uzhhorod
Ivano Frankivsk
Zhmerynka
Imeni Tarasa Shevchenka
Kremenchuk
Znamyanka
Kramatorsk
Kostiantynivka
Luhansk
Chop
Mukachevo
Ocnița
Kropyvnytskyi
Dnipro
Chernivtsi
Pokrovsk
Solotvyno
Rakhiv
Podilsk
Donetsk
BUDAPEST
Debrecen
Satu Mare
Baia Mare
Suceava
Vadul Siret
Bălți
MOLDOVA
Kryvyi Rih
Zaporizhzhya
Likhaya
Uspenskaya
Ungheni
Iași
CHIȘINĂU
Tiraspol
Mariupol
Taganrog
ROSTOV NA DONU
HUNGARY
SEE PAGE 496
Cluj Napoca
Targu Mureș
Bacau
Vaslui
Mykolaiv
Kherson
Melitopol
Starominskaya
Berezyne
ODESA
Armyansk
Novooleksiivka
Tikhoretskaya
Timișoara
ROMANIA
SEE PAGE 505
Solone Ozero
Dzhankoy
Kerch
Galați
Izmail
Yevpatoriya
Simferopol
Feodosia
Anapa
Armavir
Krasnodar
BEOGRAD
Tulcea
Sevastopol
Novorossiysk
SERBIA
SEE PAGE 505
BUCUREȘTI
Constanța
Tuapse
Black Sea
Sochi
Adler

スロバキア

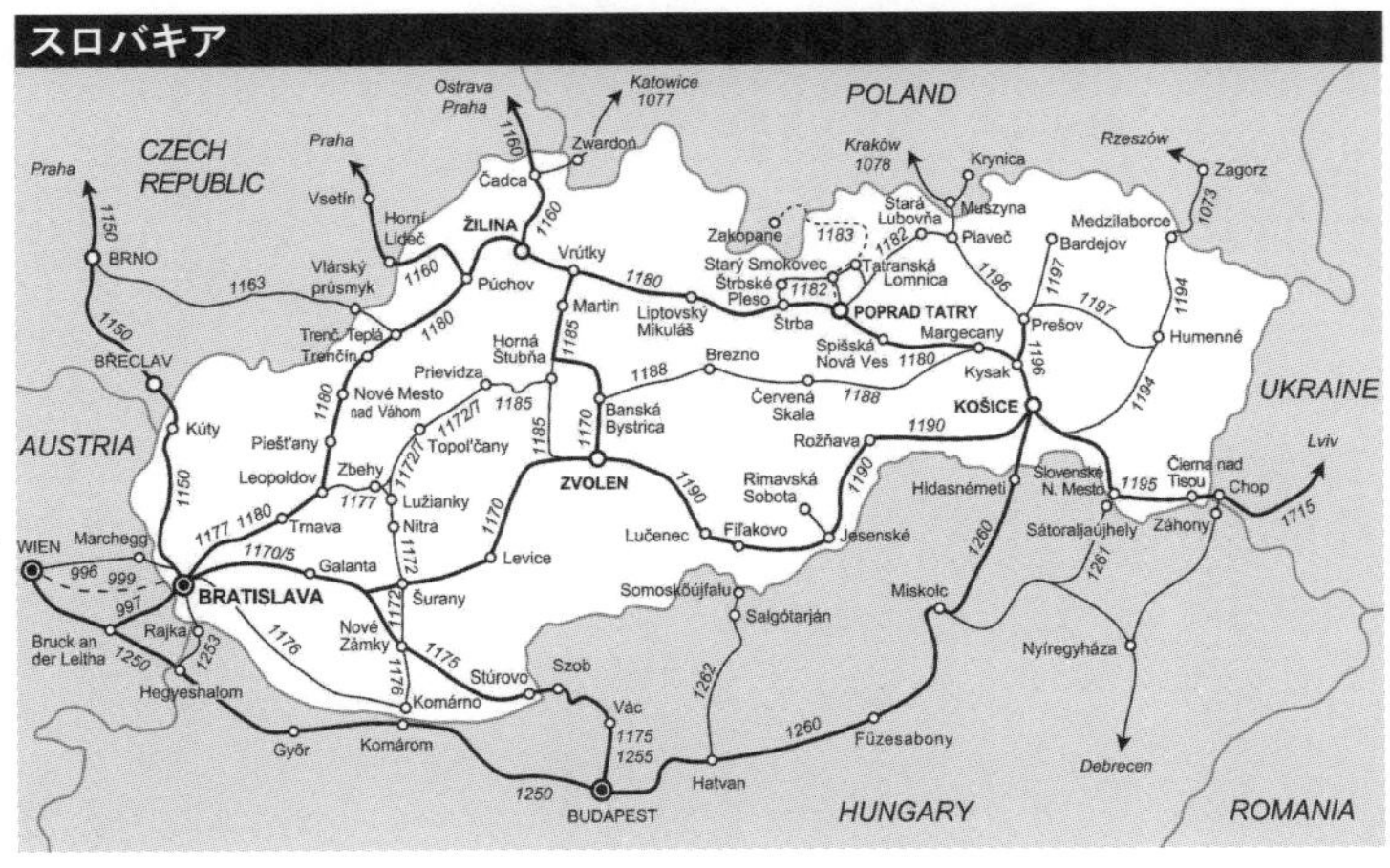

POLAND
CZECH REPUBLIC
AUSTRIA
UKRAINE
HUNGARY
ROMANIA
Praha
Ostrava Praha
Katowice 1077
Kraków 1078
Rzeszów
BRNO
BŘECLAV
Kúty
WIEN
Marchegg
BRATISLAVA
Bruck an der Leitha
Rajka
Hegyeshalom
Győr
Komárom
BUDAPEST
Hatvan
Füzesabony
Miskolc
Nyíregyháza
Debrecen
Vsetín
Horní Lideč
Vlárský průsmyk
Trenč. Teplá
Trenčín
Nové Mesto nad Váhom
Piešťany
Leopoldov
Trnava
Galanta
Čadca
Zwardoń
ŽILINA
Púchov
Vrútky
Martin
Prievidza
Horná Štubňa
Topoľčany
Zbehy
Lužianky
Nitra
Šurany
Nové Zámky
Komárno
Štúrovo
Szob
Vác
Levice
ZVOLEN
Banská Bystrica
Liptovský Mikuláš
Brezno
Červená Skala
Lučenec
Fiľakovo
Rimavská Sobota
Jesenské
Rožňava
Somoskőújfalu
Salgótarján
Zakopane
Starý Smokovec
Štrbské Pleso
Štrba
Tatranská Lomnica
POPRAD TATRY
Spišská Nová Ves
Margecany
Kysak
KOŠICE
Stará Ľubovňa
Krynica
Muszyna
Plaveč
Bardejov
Prešov
Medzilaborce
Zagorz
Humenné
Hidasnémeti
Slovenské N. Mesto
Sátoraljaújhely
Čierna nad Tisou
Chop
Záhony
Lviv

ハンガリー

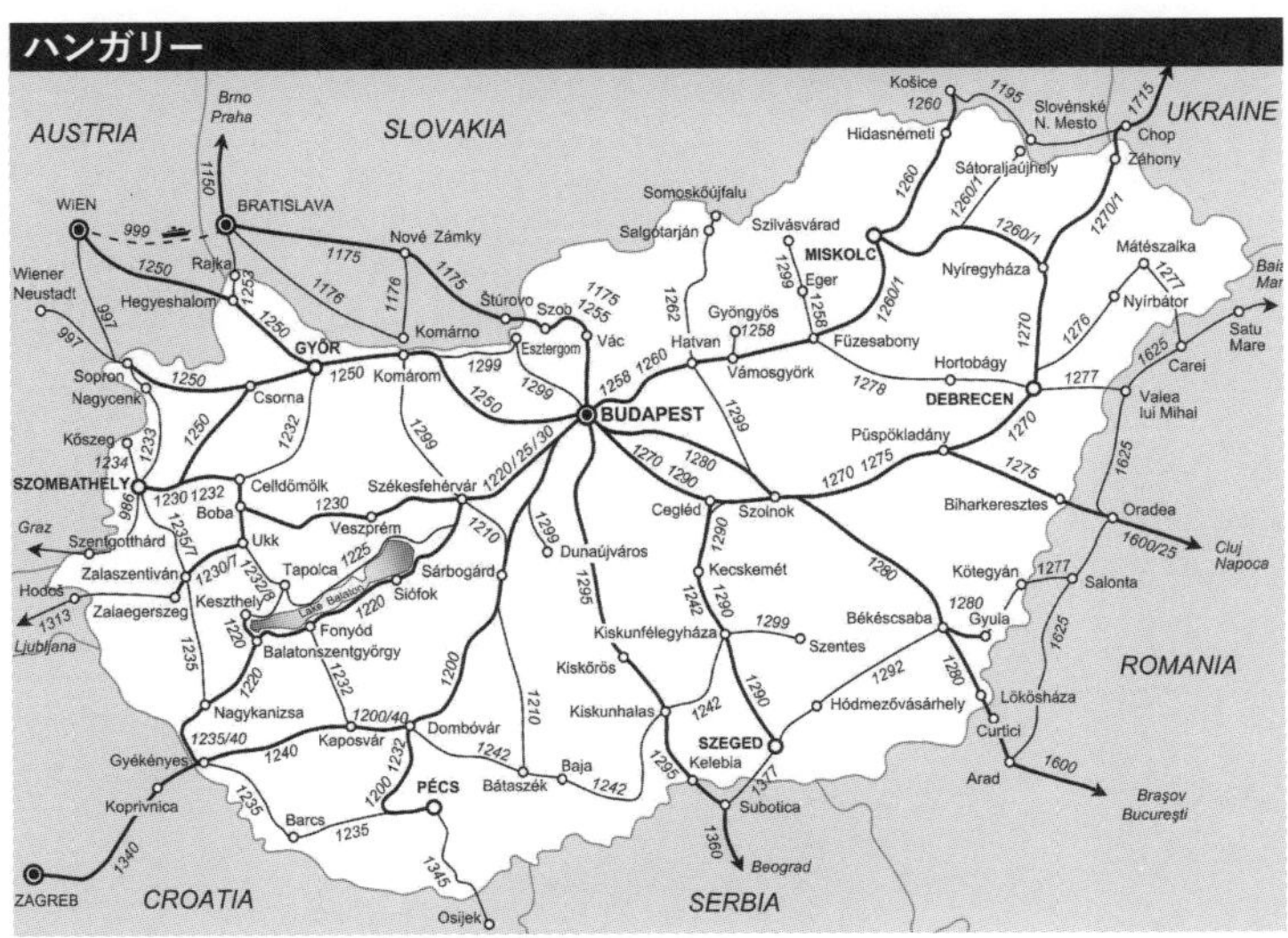

AUSTRIA
SLOVAKIA
UKRAINE
ROMANIA
CROATIA
SERBIA
Brno Praha
WIEN
BRATISLAVA
Wiener Neustadt
Hegyeshalom
Rajka
Nové Zámky
Štúrovo
Komárno
Szob
Vác
Esztergom
GYŐR
Komárom
Sopron
Nagycenk
Csorna
Kőszeg
SZOMBATHELY
Celldömölk
Boba
Ukk
Graz
Szentgotthárd
Zalaszentiván
Hodoš
Ljubljana
Zalaegerszeg
Keszthely
Tapolca
Lake Balaton
Veszprém
Székesfehérvár
Siófok
Fonyód
Balatonszentgyörgy
Sárbogárd
Nagykanizsa
Kaposvár
Dombóvár
Gyékényes
Koprivnica
ZAGREB
Barcs
PÉCS
Bátaszék
Baja
Osijek
BUDAPEST
Dunaújváros
Kiskunfélegyháza
Kiskőrös
Kiskunhalas
SZEGED
Kelebia
Subotica
Beograd
Cegléd
Szolnok
Kecskemét
Szentes
Hódmezővásárhely
Békéscsaba
Gyula
Lőkösháza
Curtici
Arad
Brașov București
Kötegyán
Salonta
Biharkeresztes
Oradea
Cluj Napoca
Püspökladány
DEBRECEN
Hortobágy
Valea lui Mihai
Carei
Satu Mare
Nyírbátor
Mátészalka
Nyíregyháza
Záhony
Chop
Sátoraljaújhely
Slovenské N. Mesto
Košice
Hidasnémeti
MISKOLC
Szilvásvárad
Eger
Füzesabony
Vámosgyörk
Gyöngyös
Hatvan
Salgótarján
Somoskőújfalu

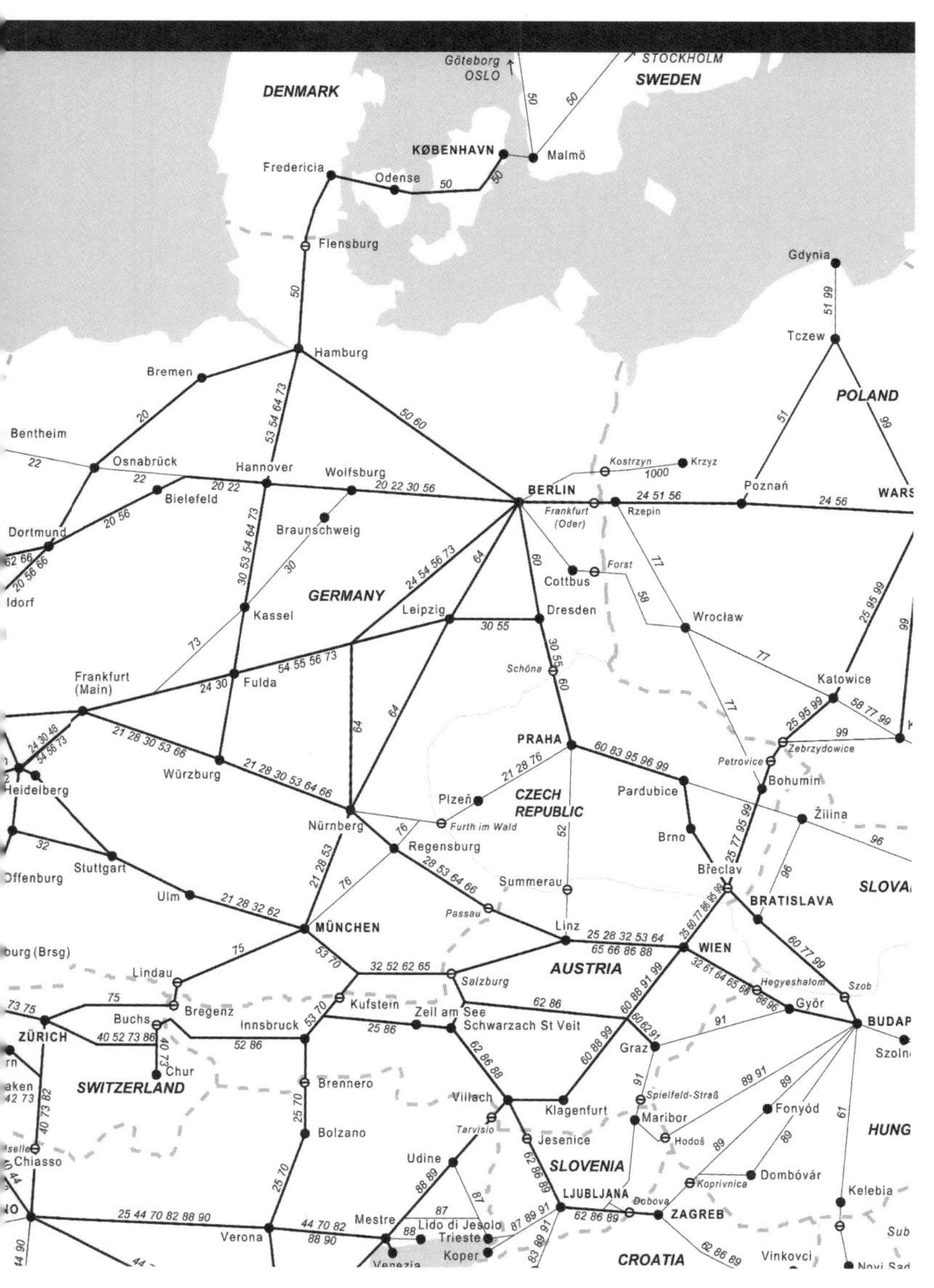

DENMARK
SWEDEN
Göteborg
OSLO
STOCKHOLM
KØBENHAVN
Malmö
Fredericia
Odense
Flensburg
Gdynia
Tczew
POLAND
Hamburg
Bremen
Bentheim
Osnabrück
Hannover
Wolfsburg
Bielefeld
Braunschweig
Dortmund
BERLIN
Frankfurt (Oder)
Rzepin
Poznań
WARS
Kostrzyn
Krzyz
Cottbus
Forst
GERMANY
Kassel
Leipzig
Dresden
Wrocław
Frankfurt (Main)
Fulda
Schöna
Katowice
Zebrzydowice
Petrovice
Bohumín
PRAHA
CZECH REPUBLIC
Pardubice
Plzeň
Furth im Wald
Heidelberg
Würzburg
Nürnberg
Regensburg
Brno
Žilina
Offenburg
Stuttgart
Ulm
Summerau
Břeclav
BRATISLAVA
SLOVA
Passau
MÜNCHEN
Linz
WIEN
AUSTRIA
Lindau
Salzburg
Hegyeshalom
Szob
Bregenz
Kufstein
Zell am See
Győr
BUDAP
ZÜRICH
Buchs
Innsbruck
Schwarzach St Veit
Chur
Graz
Szoln
SWITZERLAND
Brennero
Spielfeld-Straß
Villach
Klagenfurt
Maribor
Fonyód
Bolzano
Tarvisio
Jesenice
Hodoš
HUNG
Chiasso
Udine
SLOVENIA
Dombóvár
Koprivnica
LJUBLJANA
Dobova
Kelebia
ZAGREB
Verona
Mestre
Lido di Jesolo
Trieste
Koper
CROATIA
Vinkovci

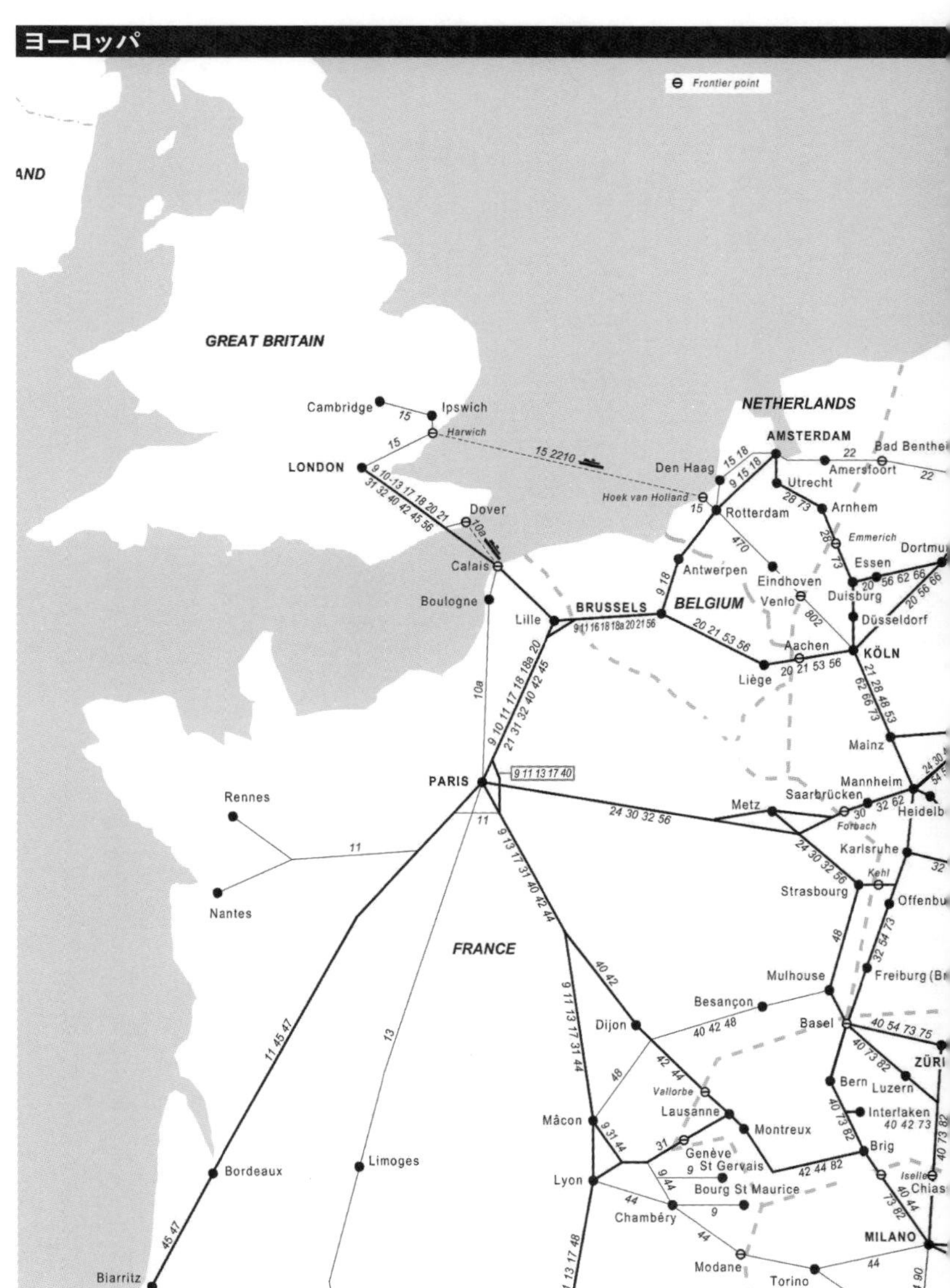
Frontier point
GREAT BRITAIN
NETHERLANDS
BELGIUM
FRANCE
LONDON
Cambridge
Ipswich
Harwich
Dover
Calais
Boulogne
Lille
BRUSSELS
PARIS
AMSTERDAM
Den Haag
Hoek van Holland
Rotterdam
Utrecht
Amersfoort
Arnhem
Emmerich
Antwerpen
Eindhoven
Venlo
Essen
Duisburg
Düsseldorf
Aachen
KÖLN
Liège
Mainz
Mannheim
Saarbrücken
Forbach
Metz
Karlsruhe
Kehl
Strasbourg
Offenbu
Mulhouse
Freiburg (B
Besançon
Basel
Dijon
Vallorbe
Lausanne
Montreux
Bern
Luzern
Interlaken
Brig
Genève
St Gervais
Bourg St Maurice
Mâcon
Lyon
Chambéry
Modane
Torino
MILANO
Rennes
Nantes
Bordeaux
Limoges
Biarritz

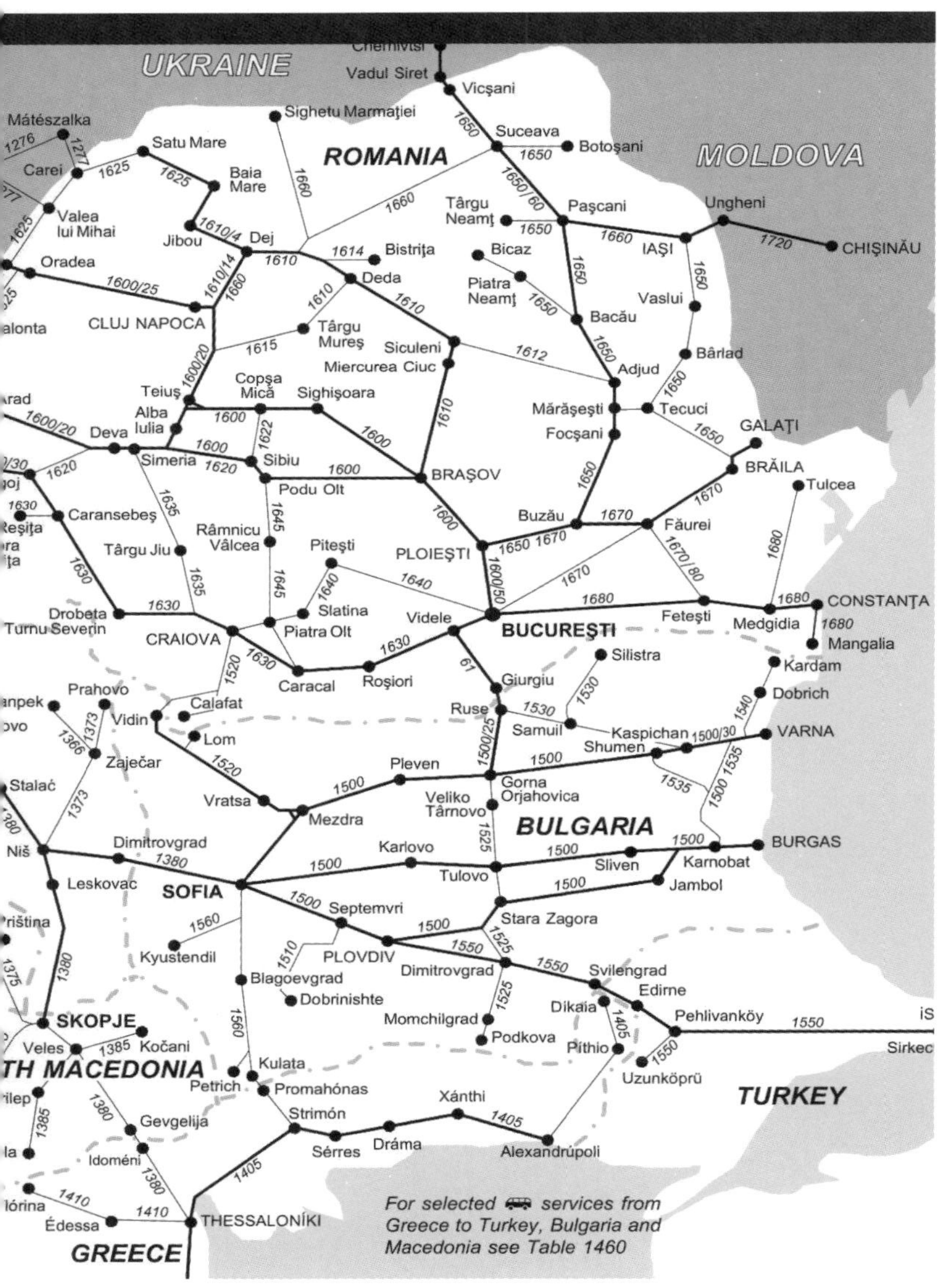
UKRAINE
ROMANIA
MOLDOVA
BULGARIA
TURKEY
GREECE
SKOPJE
SOFIA
BUCUREŞTI
CLUJ NAPOCA
BRAŞOV
PLOIEŞTI
CRAIOVA
IAŞI
CHIŞINĂU
CONSTANŢA
VARNA
BURGAS
PLOVDIV
THESSALONÍKI
For selected services from Greece to Turkey, Bulgaria and Macedonia see Table 1460

HUNGARY
AUSTRIA
SLOVENIA
CROATIA
BOSNIA-HERZEGOVINA
SERBIA
MONTENEGRO
ALBANIA
GREECE
BUDAPEST
Püspökladány
Szolnok
Zalaegerszeg
Nagykanizsa
Dombóvár
Pécs
Gyékényes
Magyarbóly
Kelebia
Szeged
Békéscsaba
Lökösháza
Graz
Hodoš
Murska Sobota
Villach
Klagenfurt
Spielfeld
Bleiburg
Maribor
Ormož
Čakovec
Kotoriba
Varaždin
Koprivnica
Jesenice
Pragersko
LJUBLJANA
Zidani Most
ZAGREB
Nova Gorica
Villa Opicina
Trieste
Sežana
Divača
Pivka
Koper
Lupoglav
RIJEKA
Pula
Ogulin
Oštarije
Vrhovine
Sisak
Sunja
Novi Grad
Bihać
Novska
Banja Luka
Virovitica
Beli Manastir
Subotica
Osijek
Slavonski Brod
Strizivojna-Vrpolje
Vukovar
Vinkovci
Šid
Doboj
Tuzla
Zenica
Gračac
Knin
Zadar
Perković
Šibenik
SPLIT
SARAJEVO
Konjic
Mostar
Čapljina
Ploče
Dubrovnik
Banatsko
Kikinda
Zrenjanin
Novi Sad
Orlovat
Vršac
Požega
Čačak
Kraljevo
Nikšić
PODGORICA
Bar
Peć
Shkodër
Milot
Vorë
Durrës
TIRANË
Elbasan
Rrogozhinë
Fier
Vlorë
Flórina
Édessa
THESSALONÍKI
Lárisa
Kalambáka
Vólos
Paleofársalos
Stilída
Halkída
ATHÍNA
Pireás
Diakoftó
Pátra
Kalávrita
Kiáto
Kórinthos
Olimbía
Pírgos
Katákolo
Tiranë

チェコ

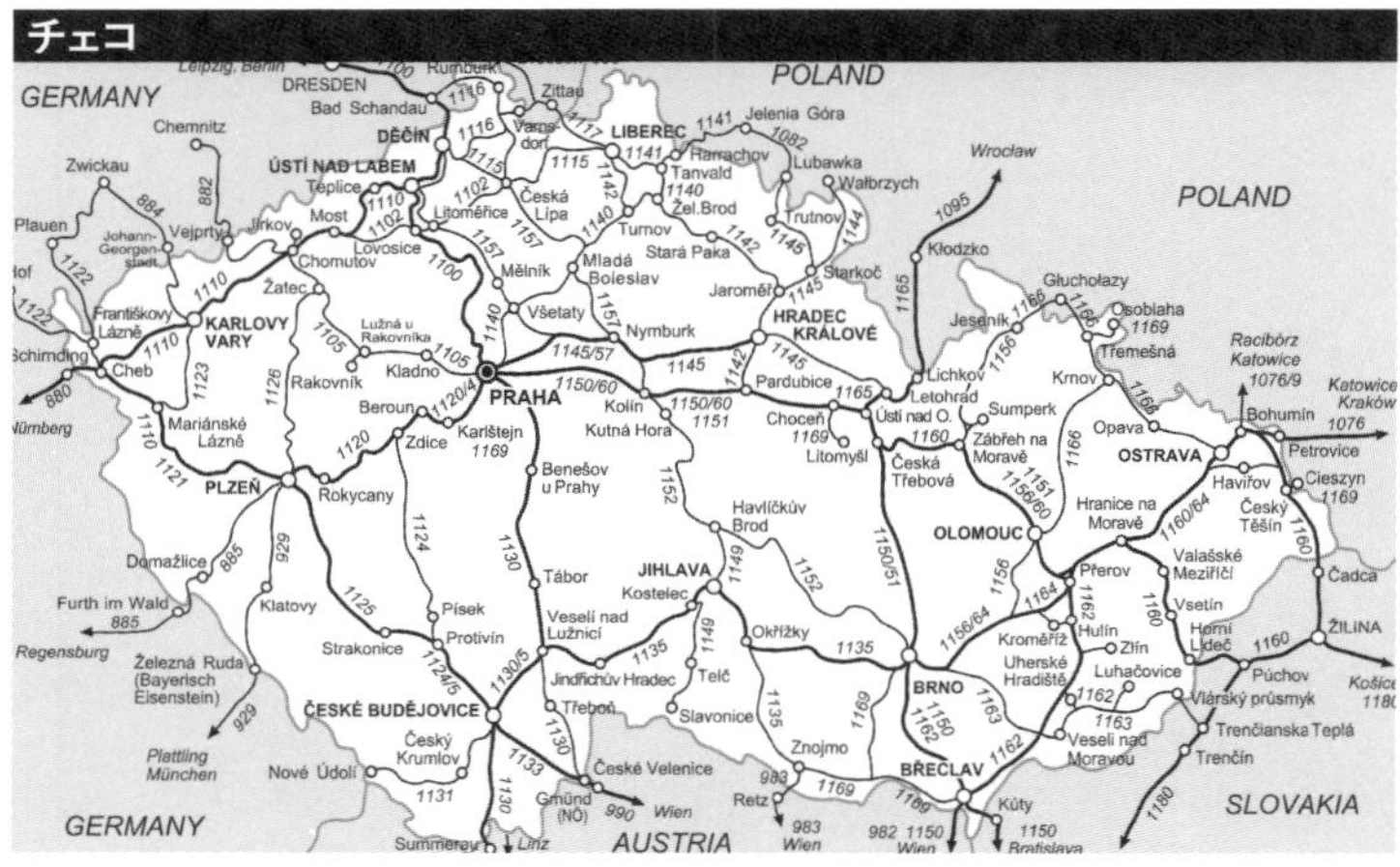

GERMANY
POLAND
AUSTRIA
SLOVAKIA
DRESDEN
Bad Schandau
Chemnitz
Zwickau
Plauen
DĚČÍN
ÚSTÍ NAD LABEM
Teplice
Most
Chomutov
Lovosice
LIBEREC
Jelenia Góra
Harrachov
Tanvald
Železný Brod
Turnov
Lubawka
Wałbrzych
Wrocław
Trutnov
Starkoč
Kłodzko
Litoměřice
Česká Lípa
Mělník
Mladá Boleslav
Stará Paka
Jaroměř
HRADEC KRÁLOVÉ
Všetaty
Nymburk
Žatec
KARLOVY VARY
Františkovy Lázně
Cheb
Lužná u Rakovníka
Rakovník
Kladno
PRAHA
Beroun
Zdice
Karlštejn
Kolín
Kutná Hora
Pardubice
Choceň
Litomyšl
Ústí nad Orlicí
Letohrad
Lichkov
Jeseník
Głuchołazy
Osoblaha
Třemešná
Krnov
Racibórz
Katowice
Bohumín
Opava
OSTRAVA
Petrovice
Havířov
Cieszyn
Český Těšín
Šumperk
Zábřeh na Moravě
Česká Třebová
Mariánské Lázně
PLZEŇ
Rokycany
Benešov u Prahy
Havlíčkův Brod
OLOMOUC
Hranice na Moravě
Přerov
Valašské Meziříčí
Domažlice
Furth im Wald
Regensburg
Klatovy
Železná Ruda (Bayerisch Eisenstein)
Strakonice
Písek
Protivín
Tábor
JIHLAVA
Kostelec
Veselí nad Lužnicí
Jindřichův Hradec
Telč
Okříšky
Slavonice
Třeboň
ČESKÉ BUDĚJOVICE
Český Krumlov
Nové Údolí
České Velenice
Gmünd (NÖ)
Wien
Linz
Plattling
München
Znojmo
Retz
BRNO
BŘECLAV
Kúty
Bratislava
Kroměříž
Hulín
Zlín
Uherské Hradiště
Luhačovice
Veselí nad Moravou
Vlárský průsmyk
Trenčianska Teplá
Trenčín
Púchov
Horní Lideč
Vsetín
Čadca
ŽILINA
Košice

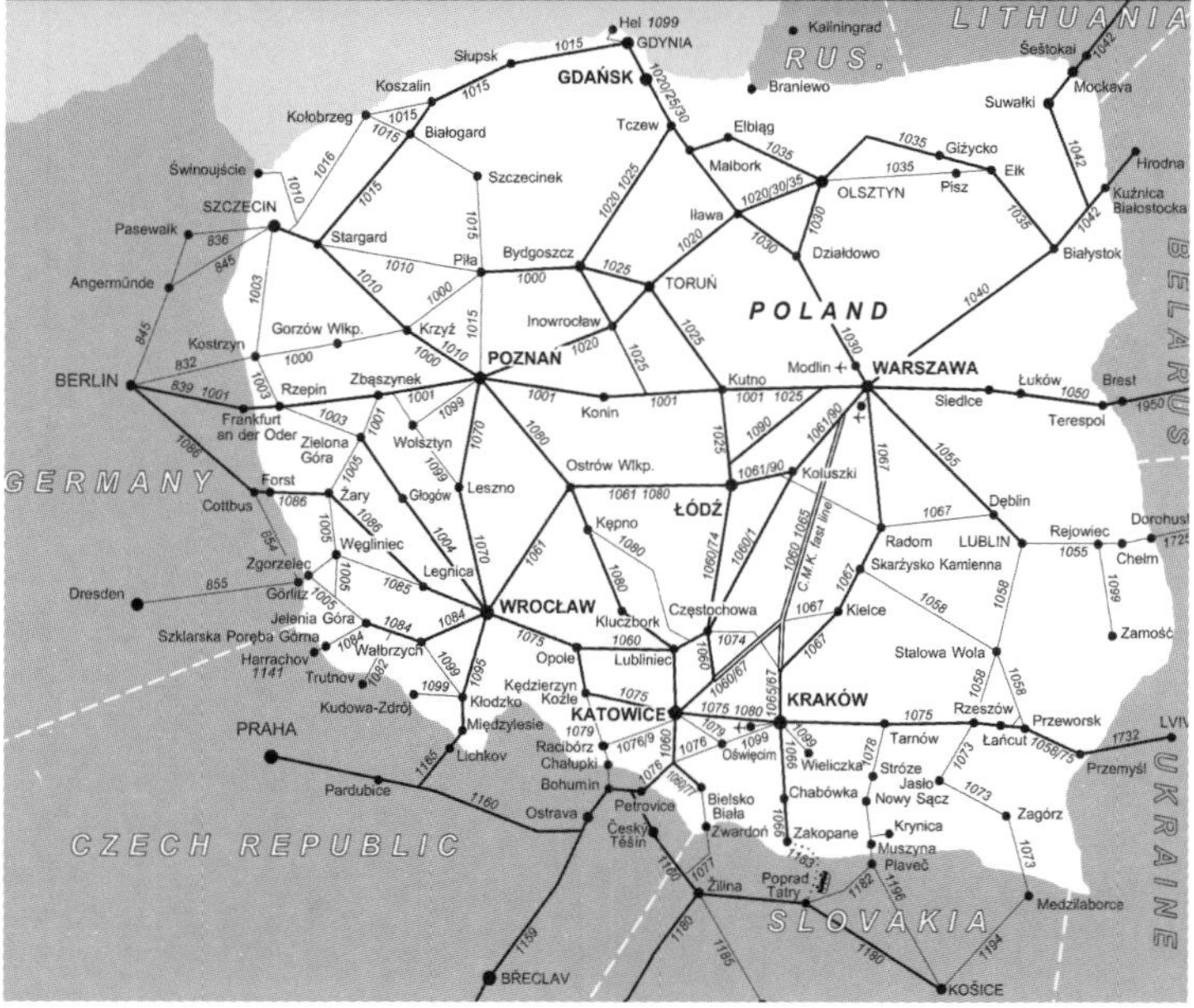

ポーランド

第二部——いろんな民族と言語に出会う　鉄道の旅

1 ヨーロッパで一番短い首都間国際列車

日本の鉄道にはなく、ヨーロッパの鉄道にあるもの。その最たるものは国際列車ではないだろうか。ヨーロッパは地続きのため、数多くの国際列車が運行されている。

「国際列車」と聞くとドイツ鉄道が運営する高速列車ＩＣＥや豪華寝台列車「オリエントエクスプレス」を思い浮かべるだろう。つまり何時間にも渡って平原の大地を駆け抜ける長距離列車だ。

一方、約1時間しか走らない国際列車もある。それがここで紹介するオーストリア・ウィーン〜スロバキア・ブラチスラバ間を結ぶ国際列車である。

旧ウィーン南駅で発車を待つブラチスラバ中央駅行き列車

ウィーン中央駅〜ブラチスラバ中央駅間（マルヒェック経由）は66キロしか離れておらず、「ヨーロッパで一番短い首都間国際列車」である。２０２０年冬版『ヨーロッパ鉄道時刻表』によると、両駅間の所要時間は約1時間10分、日中時間帯は1時間間隔で運行されている。

国際列車というよりも郊外列車のような趣の列車だが、気軽に乗れるようになったのは最近のことだ。１９９０年以前の東西冷戦時代、オーストリアは自由主義陣営、スロバキアはチェコスロバキアとして共産主義陣営に属していた。オーストリアとチェコスロバキアの国境は単なる一国境ではなく、自由主義陣営と共産主義陣営の境であった。

旧ウィーン南駅の電光掲示板

両国間の移動は厳しく制限され、鉄道ダイヤにも反映されていた。１９８６年春版『ヨーロッパ鉄道時刻表』を開くと、ウィーン南駅〜ブラチスラバ中央駅間（マルヒェック経由）の列車本数はブラチスラバ行き3本、ウィーン行き2本しかなかった。しかも国境審査のため両駅間の所要時間は2時間以上！　当時の時刻表を見ると、気軽に国境通過できる現在がありがたく思えてくる。

ウィーン南駅発ブラチスラバ中央駅行きの国際列車に乗車したのは、2009年9月のことだった。当時ウィーン南駅はあったが、ウィーン中央駅の建設にともない解体作業が進んでいた。閑散とした構内に赤色とねずみ色の車両が停まっていた。この列車こそがブラチスラバ行きであった。

国際列車とはいえ所要時間は1時間あまり、国境を越えてもたいして雰囲気は変わらないだろうと思っていた。確かに景色はあまり変わらなかったが、車内の雰囲気はオーストリアとスロバキアで大きく異なった。その原因は車掌のキャラである。

オーストリア鉄道の車掌はドイツ系らしく質実剛健な感じ。ドイツ語の響きもあって、お堅い雰囲気であった。一方、スロバキア側はフランクなおじさん。耳にピアスをしていたのでよけいに驚いた。柔らかなスラヴ系言語であるスロバキア語も相まって車内は柔らかな雰囲気に包まれた。こうして意外な印象を残しながらウィーン～ブラチスラバ間の旅は終わった。

ところでスロバキアの人々は頻繁にウィーンへ遊びに行くのだろうか。ブラチスラバ近郊に住むスロバキア人の友人に聞くと「ウィーンへはそれほど行かずブラチスラバで用を済ませる」とのこと。やはりスロバキア人からするとスロバキアの首都の方が心地よいのだろう。

ブラチスラバ中央駅

ブラチスラバ旧市街

②個性派ぞろいのチェコの路面電車

チェコはヨーロッパの真ん中に位置する人口約1000万人の国だ。首都は「百塔の街」と称せられるプラハだ。プラハをはじめチェコの街には美しい建築物が多く、明るいチェコ人の性質のせいかメルヘンチックな雰囲気に包まれる。そんなチェコの街を縦横無尽に走るのが、個性派ぞろいの路面電車である。

プラハを歩いていると、必ず見かけるのがクリーム色と赤色をした丸型の路面電車だ。どこか懐かしくかわいらしいためか、鉄道ファンだけでなく一般観光客も丸型路面電車にカメラを向ける。

車窓からプラハ城も眺められる

オリジナルの姿に近いT3形

この丸型路面電車はT3形という車両で、1960年に登場した。製造された車両数は何と14000両以上！ かわいい形をしながら、実はすごい車両なのだ。T3形が登場した当時のチェコスロバキアは共産主義圏に属していたことから、同車は他の共産主義国にも輸出されていた。今でも旧東側諸国を訪れるとT3形が元気に活躍している。

シンプルなT3形の車内

ベテラン車両T3形のポイントは音にある。さぞ古めかしい走行音がするのかと思いきや、期待はずれなほど静かなのだ。日本の古い路面電車のように下から「グォー」という重々しい音は聞こえてこないのだ。

第二次世界大戦後、T3形をはじめとするチェコ生まれの路面電車は低騒音・低振動をウリとするアメリカ製の路面電車PCCカーの技術を採用した。アメリカといえば言わずと知れた自由主義圏の親玉。第二次世界大戦の終結からチェコスロバキアが完全に共産主義国になるわずか数年の間にアメリカの技術を採用した。まさしくギリギリセーフのタイミングでの採用だったのだ。

長年にわたって活躍したT3形だが、近年では車体を新しくしたリニューアル車も登場している。たとえばウルトラマンのような配色になり、車両の真ん中がノンステップになった車両もある。クリーム色と赤色の配色からウルトラマン色になると、T3形が「強く」見えるのは私だけだろうか。

プラハを訪れたらレトロトラムを忘れてはいけない。レトロトラムは土休日に運行される観光電車。プラハ市交通博物館を出発し、市内中心部を通る。レトロトラムに使われる

プラハ中心地を走るレトロトラム

チェコの現代史の舞台となったヴァーツラフ広場

路面電車は第二次世界大戦以前に製造されたもので、下からは「グォー」という迫力満点のサウンドが楽しめる。「チンチン」という電鈴がなると、レトロトラムは発車する。下からはゴツゴツ、ガタガタする揺れをダイレクトに体で感じられる。

レトロトラムはあまり知られていないせいか、歩道を歩く観光客は「何だあれは?」という眼差しを向けてくる。そのような観光客を横目にプラハ散策ができるレトロトラムは実に楽しい。

チェコの街を訪れたら、ぜひお気に入りの路面電車を見つけて欲しい。きっと、旅の楽しい思い出になり、再会を心待ちにできるはずだ。

プラハ旧市街の路地

プラハにあるアールヌーヴォー様式の市民会館

３「なぜ、この列車にはドイツ語放送があるんだ！」

ヨーロッパの国際列車にはいろいろな人が乗ってくる。たとえばフランスとイギリスを結ぶ国際列車であれば多くのフランス人とイギリス人が乗車することは予想がつく。さらに外国人観光客も加わることから、国際列車の車内はインターナショナルな雰囲気に包まれる。しかし、時として国際列車ならではのちょっとしたトラブルが発生することもある。

２０１５年10月にチェコ・プラハ本駅発ドイツ・ミュンヘン中央駅行きＥＣに乗車した。一般的に長距離列車であれば、行先や停車駅を案内する自動放送が流れる。このＥＣはチェコ鉄道とドイツ私鉄が

ミュンヘン中央駅行き「EC」の車内

共同運行する列車であった。

チェコ語、英語の次にドイツ語の3ヵ国語で行先案内が流れた。ドイツ行きの列車であるから、ドイツ語案内があるのは当然だ。とは言っても、当時の私は3カ国語放送に聞き慣れていなかったせいか「ドイツ語放送もあるのかあ」と小さな驚きがあった。

車掌が検札に来ると、向かいに座っていた年配のチェコ人男性が「なぜ、この列車にはドイツ語放送があるんだ！」と車掌に言い放った。車掌は恐縮しながら「すみません、この列車はドイツ行きなので……」と説明すると、男性は憮然とした表情をしながらも一応は納得した。男性はチェコの主要都市、プルゼニュで下車した。おそらく、いつもは国内列車に乗るところを、たまたまドイツ行きの国際列車に乗ったのだろう。

チェコ人がドイツ語の案内に怒るのは無理もないのかもしれない。第二次世界大戦時、チェコスロバキアはナチス・ドイツの攻撃により国が消滅した。チェコはナチス・ドイツの占領下に置かれ、スロバキアには傀儡国家ができた。ナチス・ドイツはチェコ人をはじめとするスラヴ系民族を「奴隷」と位置づけ、過酷な占領政策を行った。プラハ空港の近くにあるリディツェ村ではナチス・ドイツの要人が殺された報復から住民が虐殺された。

この悲劇はチェコ人なら誰でも知っているという。

車内放送の言語にクレームをつけたシーンは後にも先にもこの1回だけだったが、中央ヨーロッパや東ヨーロッパでは、年配の人々には未だにドイツに対する嫌悪感があるようだ。

ポーランドの観光地でもドイツ人団体に対し罵声を浴びせる年配のポーランド人女性を見かけたことがある。第二次世界大戦の終結から70年以上が経過したが、なかなか隣国への複雑な思いは消えないようだ。ミュンヘン中央駅行きの車内で起きた事件を思い出す度に、歴史への向き合い方に思いをめぐらす自分がいる。

10月ということもあり、紅葉が美しかった

④ 嫌い、嫌い、好き？ ポーランドの急行列車「ＴＬＫ」

ポーランドはドイツの東隣にあり、日本の85％程度の国土を持つ。ポーランドにはスラヴ系西スラヴ人のポーランド人が住み、キリスト教カトリックへの篤い信仰心を持つことで知られている。

そんなポーランド人に「ＴＬＫ」という単語について尋ねると、何とも言えない顔をする。苦笑というか困ったようなというか、恥ずかしいような、そんな表情だ。もちろんポーランド人以外にＴＬＫについて尋ねても何も返ってこない。

ＴＬＫはポーランド鉄道が運行する優等列車であ

ビドゴシチ方面行き「TLK」が入線

ポーランドの超特急列車「EIP」

「TLK」2等車の車内

り、日本でたとえると急行列車にあたる。正式名称は「Twoje Linie Kolejowe」といい、直訳すると「あなたの鉄道」という何とも親しみを持てる名称だ。TLKはポーランド全土をカバーし、特急ICや超特急EIPが設定されていない路線にも設定されている。

それでは、なぜポーランド人はTLKに対して微妙な顔をするのだろうか。TLKを何回も利用した経験から察すると、原因は車内設備にあると思う。

2019年4月、ワルシャワ西駅から直線距離約230キロ北西にある都市、ビドゴシチに向かうTLKに乗車した。乗車したTLKの2等は1室8人のコンパートメントで、チェコ鉄道の1室6人の2等コンパートメントと比べると恐ろしく窮屈だった。

もしあなたが窓側の座席を選んだら、隣に恰幅のよい人が座らないことを祈るほうがいい。そのような人が隣にいたら完全に身動きがとれない。トイレに行くだけでも一苦労する。

TLKは冬よりも夏の方がキツイ。なぜなら冷房装置がないからだ。そのため満席の場合は車内の温度がグングンと上がり頭がクラクラすることも。そのような状況になると、ひたすらペットボトルの水をなめ続ける鉄道旅行となる。

それでは冬はどうか。暖房器具が正常に動けば、そこそこ快適な鉄道旅行が楽しめる。しかしこの暖房器具が何とも頼りなく、「動かないなあ」と暖房器具にボヤくポーランド人を私は何度も見てきた。

このように決して快適とはいえないTLKだが、それでも私は好きだ。まず車掌がおもしろい。ICやEIPに乗務する車掌は精鋭を集めているのか、スマートな男性車掌が多い。検札や車内放送でもまったくスキがない。

一方、ＴＬＫはベテラン車掌が乗務することが多いようだ。車内放送で大きな声で「テー！エル！カー！」と言った時は思わず吹き出してしまった。「次の停車駅はビドゴシチですか」とロシア語で尋ねると「ターク（はい）、ターク、ターク！ピェンチ　ミヌート（あと５分）」とハイテンションなノリで返ってきた。そんな親しみが持てる車掌に出会えるＴＬＫが好きだ。

また素朴なＴＬＫから見るポーランドの平原は実にすばらしい。特にこれと言った美しい風景に出会えるわけではないが、寂寥感というか日本の侘び寂びを感じさせる荒涼とした情景が続く。ちょうど哀愁漂うショパンのピアノ曲とマッチする。そのような情景を見ながら、あれこれと考え事をする時間がたまらなく好きだ。おそらく車内設備が充実している現代的なＥＩＰでは味わえない感覚だろう。

私がポーランド人に「個人的にはＴＬＫが好きだ」と言うと「えっ」と驚く顔になる。

ドア部に行先と停車駅が掲示される

好きな理由を説明しようとしても、なかなか上手く言葉が出てこない。彼ら彼女らが私の答えにストンと納得する日は来るのだろうか。

ビドゴシチにある美しい運河

ビドゴシチ市内

5 世界文化遺産、ブダペスト地下鉄の車内放送は暗い？

海外の地下鉄に乗ると、車内放送が気になるものだ。多くの地下鉄では現地語での自動放送が流れる。クリアで聞き取りやすい分、何回も聞くとその言葉のリズムがわかるものだ。場合によっては耳コピで車内放送のマネができることもある。

私も数多くの地下鉄に乗って車内放送を聞いてきたわけだが、その中でも印象深いのがハンガリーの首都ブダペストにある地下鉄1号線の車内放送だ。ブダペスト地下鉄1号線は19世紀末に開業。ユーラシア大陸では初、世界でもロンドンに次ぎ2番目に開業した歴史ある地下鉄だ。そのような長き歴史が認められ、2002年にはユネスコ（国際連合教育科学文化機関）の世界文化遺産に登録された。

地下鉄1号線でも「ドアが閉まります」「次は○○」みたいな自動放送がハンガリー語で流れる。私はハンガリー語がさっぱりわからないが、よく聞くと抑揚がない平坦な言葉だなと思う。そして最後は音が少し下がる感じだが、これは日本語に少し似ているのかもしれない。

そもそもハンガリー人は9世紀にウラル山脈から来たと考えられ、アジアの雰囲気を内包する民族である。ハンガリー語はゲルマン語派やスラヴ語派ではなく、フィン・ウゴル語派に属する。他にフィン・ウゴル語派に属する言語としてフィンランド語やエストニア語、アジア・ロシアに近いエリアで話されているウドムルト語やマリ語が挙げられる。

このように見ると、ハンガリー語と日本語の語調が似ているのも間違いではないだろう。

19世紀末にデビューしたブダペスト地下鉄初期の車両

各駅ともにプラットホームが低い

ウィーン大学で第二外国語として日本語を勉強したハンガリー人の友人に言わせると「ハンガリー語と文法が似ているから日本語は簡単」らしい。

地下鉄1号線の車内放送に話を戻そう。地下鉄1号線は駅間距離が短いため、何回も自動放送が流れる。そのせいかハンガリー語のリズムに慣れるのも早いが、ドイツ語やロシア語と比べると暗く聞こえてしまう。

そういえば、とあるテレビ番組で「ハンガリー人の性格は暗い」という特集があった。1930年代に発表され「自殺の聖歌」として知られる曲「暗い日曜日」もハンガ

世界文化遺産に登録されているブダペスト地下鉄1号線

リー生まれだ。やはりハンガリーは地下鉄1号線の車内放送や「暗い日曜日」と同様に暗いのか。ハンガリー人の友人に尋ねると「そんなことないわよ」と一蹴。しかし「ハンガリーの通貨は弱い、本当にこの国はどうなるのか……」というハンガリーの暗い未来を数分に渡って話してくれた。どうもハンガリーは暗さを持った国のようだ。

誤解のないようにつけ加えると暗いからと言って「悪い」ではない。よい意味での趣深い暗さがあるからこそブダペストはよく「いぶし銀」と表現されるのだろう。ブダペスト地下鉄1号線の車内放送を聞くたびにハンガリーの持つ暗さと魅力についてあれこれと考える私がいる。

地下鉄1号線が走るアンドラーシ通り沿いにある国立オペラ劇場

⑥クロアチアのイモムシ普通電車と赤い看板

「電車と機関車に引っ張られた客車、どちらの方が速いですか」と尋ねられたら、どのように答えるだろうか。おそらく日本で尋ねると、ほとんどの人は「電車」と答えるだろう。ところがヨーロッパはそうではない。電車の遅さを実感したのがクロアチアのイモムシ普通電車である。

初めてクロアチアを訪れたのは2011年、まだ大学院生のときだった。当時、私は旧ユーゴスラビアについて研究し、ヤセノヴァッツ強制収容所に行く必要に迫られた。

ヤセノヴァッツ方面行き普通列車

ヤセノヴァッツはクロアチアの首都ザグレブから南東約100キロのところにある小村だ。第二次世界大戦時、現在のクロアチアとボスニア・ヘルツェゴビナを領土に持つ枢軸国のクロアチア独立国は、ヤセノヴァッツに強制収容所を建設した。バルカン半島最大級の強制収容所として知られるヤセノヴァッツ強制収容所では国内に住む多くのセルビア人やユダヤ人が殺された。

パルチザン部隊を率いたチトーはクロアチア独立国に勝利し、「友愛と団結」を基に旧ユーゴを建国。クロアチアは旧ユーゴの一共和国としての道のりを歩むことになった。旧ユーゴ政府はヤセノヴァッツ強制収容所を独自のイデオロギーに基づいて処理し、民族間の憎悪が再燃しないように工夫した。

旧ユーゴの力が衰えた1980年代末、クロアチアでは「ヤセノヴァッツ強制収容所は単なる労働キャンプ」と主張した民族主義者のトゥジマンが台頭し、1991年にクロアチアを独立へと導いた。しかしクロアチア国内

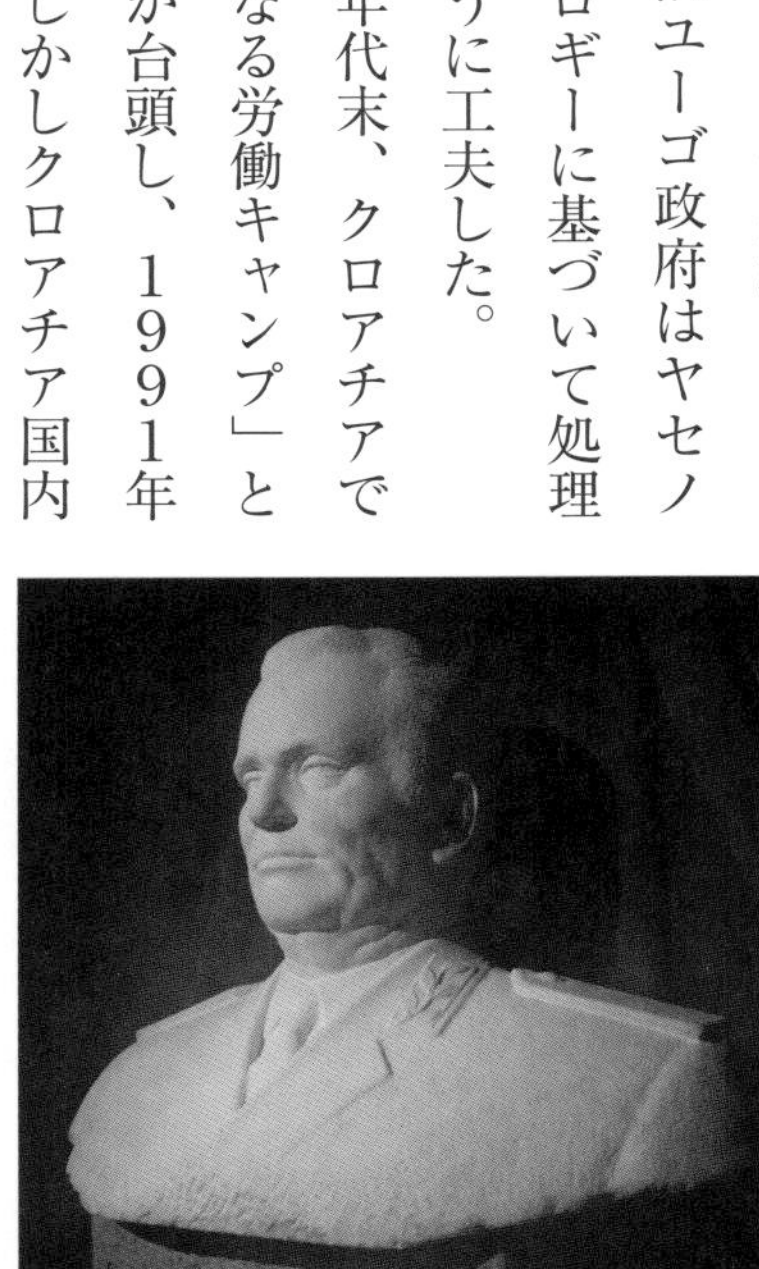

チトーの胸像

のセルビア人は少数民族に対するクロアチア政府の冷淡な姿勢に反発し、クロアチア共和国の独立に強く反対した。セルビア人はヤセノヴァッツ強制収容所での悲劇を利用し、クロアチアへの対抗意識を燃やした。このようにヤセノヴァッツ強制収容所は第二次世界大戦だけでなく１９９０年代のクロアチア紛争においても重要な意味を持つスポットになったのだ。

ザグレブ中央駅の駅舎内

　ヤセノヴァッツは本線に面していないため、ザグレブ中央駅から普通列車で行くしかない。理想はレンタカーを借りて直行する方法だが、運転音痴の私にとっては自殺行為。バスもないことから、鉄道で行くことを自宅のパソコンの前で決めた。

　ザグレブ中央駅で待っていたのはイモムシ型の３両編成の電車。日本の電車にたとえると戦後に流行した湘南型に似ていなくもない。後で調べるとこのイモムシ型電車は共産主義時代の１９７０年代にハンガリーで製造されたことがわかった。

ザグレブ中央駅を出発しても、なかなかスピードが上がらない。それどころか、隣を走っていた客車列車に軽々と抜かれた。ヨーロッパでは客車といっても時速150キロ以上のスピードを出すので、普通電車を抜かすのは理屈でわかるが、「電車は速い」と刷り込まれた私の脳は電車が客車に抜かれたという事実をなかなか受け入れられなかった。

「ここはヨーロッパなんだ！　日本ではない！」。そう心を落ち着かせるとイモムシ型電車のスピードも少しは速くなった。と言ってもスピードは時速50キロほど。いくら鉄道好きと言っても「駅間距離が長いヨーロッパでの2時間30分にわたるスロー電車旅行は正直つらいな」と思った。

ヤセノヴァツ駅に近づくにつれ、カーブが多くなり線路のそばには草が生い茂る。ぼーっと風景を見ていると、線路脇の赤い看板が目についた。この赤い看板は地雷が埋められていることを示すもの。つまり、むやみに線路脇を歩くと地雷で足が噴き飛ぶかもしれないということだ。

ヤセノヴァツは1990年代のクロアチア紛争において、クロアチア人とセルビア人との激戦に巻き込まれた。現在でも隣国のボスニア・ヘルツェゴビナ国境沿いの森林には地雷が残存しているという。「安心して歩けない土地がヨーロッパでもある……」。地雷が埋められていたことは事前準備で知ってはいたが、実際に目で見ると衝撃的だった。

イモムシ型普通電車は定刻通りにヤセノヴァツ駅に着いた。駅と言っても周辺には何もなく、適当に20分ほど歩きながらようやくヤセノヴァツ強制収容所に着いた。

新駅舎の横に立つヤセノヴァツ駅旧駅舎

ヤセノヴァツ強制収容所跡に立つモニュメント

近年、ヤセノヴァツ強制収容所を訪れる日本人がポツポツといるらしい。彼ら彼女らは例のイモムシ型電車に乗ったのだろうか、それとも最新型車両か、はたまたレンタカーか、アクセス方法が気になるところだ。

クロアチア

クロアチアはアドリア海を挟んでイタリアの対岸にある国だ。国土はタツノオトシゴのような形を成し、アドリア海沿いとセルビア国境近くとでは「同じ国か」と思うほど、雰囲気が異なる。

人口は約400万人。クロアチア人はスラヴ系南スラヴ人に属し、キリスト教・カトリックを信仰する。公用語はクロアチア語で、ラテン文字を用いる。文法面ではセルビア語やボスニア語と似ており、お互いの意思疎通に特に支障はない。

第一次世界大戦前のクロアチアはハプスブルク帝国の統治下にあった。第一次世界大戦後に隣国のセルビア、スロベニアと共に南スラヴの統一国家「セルビア人・クロアチア人・スロベニア人王国」に参加した。しかし、国家の運営をめぐってセルビアと激しく対立した。

1940年代に入るとナチス・ドイツがバルカン半島に攻め入り、傀儡国家「クロアチア独立国」が成立した。クロアチア独立国は現在のボスニア・ヘルツェゴビナを含み、国内に住んでいたセルビア人とユダヤ人を虐殺した。本書に出てくるヤセノヴァツ強制収容所はクロアチア独立国がつくった収容所である。

クロアチア独立国に勝利したのはチトー率いるパルチザン部隊であった。1945年、チトーは6共和国（スロベニア、クロアチア、ボスニア・ヘルツェゴビナ、セルビア、マケドニア、モンテネグロ）2自治州（ヴォイヴォディナ、コソボ）から成る「ユーゴスラビア連邦人民共和国（旧ユーゴ）」を建国。共産主義体制ながら、非同盟中立・自主管理制度などソ連とは一味違うユニークな体制であった。また民族主義は厳しく禁じられたこともあり、クロアチア国内においても民族対立は影を潜めた。

しかし1980年代後半になると、クロアチアでも独立の機運が高まった。1991年に民族主義的歴史家のトゥジマンがクロアチアの指導者になり、独立を宣言した。トゥジマンはクロアチア・ナショナリズムを盛り上げる一方、国内のセルビア人を軽んじる政策を進めた。

クロアチア国内のセルビア人は独立に反対し、隣国セルビアがクロアチア国内のセルビア人を支援。クロアチア人とセルビア人による武力的対立がおき、1991年12月に未承認国家「クライナ・セルビア人共和国」が成立した。1992年1月に停戦したが、1995年にクロアチアが武力で「クライナ・セルビア人共和国」を壊滅に追い込み、1998年に国土統一と相成った。

2013年にEU（欧州連合）に加盟し、2023年1月からユーロを導入した。

●年表

10世紀前半　クロアチア王国建国
1527年　ハプスブルク帝国の支配下に入る
1918年　「セルビア人・クロアチア人・スロベニア人王国」に参加
1941年　ナチス・ドイツの傀儡国家「クロアチア独立国」樹立
1945年　「ユーゴスラビア連邦人民共和国（旧ユーゴ）」に一共和国として参加
1991年　旧ユーゴからの独立を宣言
2009年　NATO加盟
2013年　EU加盟
2023年　ユーロ導入

私と外国語

よく勘違いされるが、私は外国語大学や外国語学部でロシア語を学んだわけではない。関西大学の第二外国語でロシア語を学んだ。入学後2年間は第二外国語が必修となり、1週間につき計2コマだ。

ロシア語を少しでも勉強した方ならわかると思うが、格変化という語末変化を理解するのに四苦八苦する。変化は6パターンあり、また単数形と複数形で異なる。語学が苦手な私は何回も挫折しそうになった。それでも何とか乗り越えられたのはロシアへの愛と熱心な先生のおかげだろう。

第二外国語であっても、目標のひとつは検定試験に合格することだ。ロシア語だとロシア語能力検定委員会が主催するロシア語能力検定試験がある。これは1級～4級があり、3級は文法、露文和訳、和文露訳、朗読、聴取で構成される。合格には各科目6割以上の得点に達する必要があり、バランスよく勉強しなければならない。

私は2年生で4級、3年生で3級に合格した。特に3級受験時には大学図書館で授業の合間を縫ってロシア語を勉強したことを昨日のように思い出す。それでは卒業後もロシア語を熱心に勉強したかと問われると否である。

なぜならポーランドやチェコなどの中東欧諸国ではロシア語が多少なりとも通じても、彼ら彼女らは完全には理解できない。むしろ中年層までは英語が通じる。だから1人旅を通じて「英語もやらなきゃ！」と思ったのだ。

どちらかというと語学学習が苦手な私にとって、ロシア語と英語をバランスよく勉強することは不可能だった。英語とロシア語は何もかも異なる。英語に関してはあまり力を入れなかったこともあり、社会人になってからTOEIC700点を超えたが、その頃にはロシア語の力はめっきり衰えていた。

現在はどっちつかずの状態でダラダラとロシア語と英語を勉強している。マスターにはほど遠いが、何だかんだ言って現地の方とコミュニケーションがとれた時の喜びは何物にも変えがたい。これからも自分のペースで勉強できればと思う。

7 シベリア鉄道よりも長い？忍耐が試されるセルビアの鉄道

シベリア鉄道は言わずと知れた、ロシアを横断する世界で一番長い鉄道路線だ。たまに「シベリア鉄道は遅いですか」と質問が来る。そんなことはない、正確に計測したわけではないが、シベリア鉄道の長距離列車は時速80～100キロ程度は出ているような気がする。少なくともシベリア鉄道では列車の遅さで苦しむことはない。よほどせっかちな旅人なら別だが。

さまざまな国の列車に乗ってきたが、最も忍耐が試されたのは旧ユーゴのセルビアの鉄道だった。セ

旧ベオグラード中央駅にて

ルビアを訪れたのは２０１５年10月、ハンガリー・ブダペストから入国した。その時のセルビアにおける旅程は左記のとおり。

ブダペスト（ハンガリー）→ベオグラード
ベオグラード⇔ノヴィ・サド
ポドゴリツァ（モンテネグロ）→ベオグラード

ハンガリー・ブダペスト東駅からセルビア・ベオグラード中央駅行きＩＣに乗る。10両ほどの客車が連結されていたが、ベオグラードまで行くのは前2両だけだ。ハンガリー国内は時速80キロ程度というそれなりのスピードで小駅を通過する。

問題はセルビアに入ってからだ。途端にスピードが落ち、時速40キロ程度のノロノロ運転でセルビアの大地を歩く。なまじっかカーブが多く見通しが悪ければまだ我慢できるのだろうが、ベオグラードまでは基本的に直線で見晴らしがいい。それだけに列車の鈍足ぶりにイライラする。特にハンガリー側の国境近くにあるスボティツァ駅からセルビア第二

旧ベオグラード中央駅

共産主義的雰囲気が残るノヴィ・サド駅

の都市ノヴィ・サド駅まではイライラが頂点に達したものの、「いや、これは私の忍耐力が足りないからだ。きっとそうだ」とイラつく気持ちを強引に抑え込んでいた。

セルビアのノロノロ列車にイラつく気持ちでいたのは私だけではなかった。２００６年に独立国となったモンテネグロ・ポドゴリツァ駅からベオグラード中央駅行きの列車に乗った時だった。セルビア西部の街、ウジツェ駅からフランス人青年が乗り、こうぼやいた。「セルビアの列車はヨーロッパで1番遅い」と。それを聞き「ああ、私だけじゃないんだな」と私の忍耐力は人並みだと知り、妙に安心した。

ベオグラード中央駅が目前に迫ったが、列車はさらに遅くなった。あまりの遅さにイライラついた私に気づいたのか、隣にいたセルビア人がこう言った。「すいません、ここはセルビアですから」。

セリフといい、タイミングといい妙におもしろくて、心の中でクスっと笑ってしまった。この一言のおかげで少しだけ遅いセルビア鉄道に愛着が持てたような気がする。

現在、セルビアでは中国のサポートを受け、ブダペスト〜ベオグラードルートの近代化プロジェクトを進めている。近代化プロジェクトが完成された暁には「すいません、ここはセルビアですから」が聞けなくなってしまうのだろう。

ノヴィ・サド市内、ノヴィ・サドはヴォイヴォディナ自治州の州都だ

セルビア

セルビアはバルカン半島にある内陸国だ。人口は約700万人。セルビア人はスラヴ系南スラヴ人に属し、セルビア正教を信仰する。公用語はセルビア語となり、使用文字はキリール文字だ。なおセルビア語は文法面でクロアチア語、ボスニア語と似ており、クロアチア人やボシュニャク人と容易に意思疎通が図れる。

セルビア北部にはハンガリー人が住むヴォイヴォディナ自治州がある。また南部にはアルバニア人が住むコソボ自治州が存在するが、同州は2008年に独立宣言をした。2022年12月現在、セルビアはコソボの独立を承認していない。

第一次世界大戦前からセルビアはセルビア王国という独立国であった。第一次世界大戦後、スロベニア、クロアチアと共に「セルビア人・クロアチア人・スロベニア人王国」に参加した。セルビアは主導権を握ったが、クロアチアの不満は高まった。

第二次世界大戦期はナチス・ドイツの占領により、セルビア人は辛酸をなめた。第二次世界大戦後、パルチザン部隊を率いるチトーは「ユーゴスラビア連邦人民共和国（旧ユーゴ）」を建国した。セルビアは旧ユーゴの一共和国となり、連邦首都はセルビアのベオグラードに置かれた。セルビアは旧ユーゴの中核として存在感を示したが、転換点になったのは1980年代後半のことである。当時、経済の落ち込み、国際情勢の変化により旧ユーゴが大いに揺れた。セルビアではコソボ自治州でアルバニア人による抵抗運動が勃発し、セルビア人との間で緊張状態になった。セルビアの指導者として台頭したミロシェビッチはセルビア・ナショナリズムを盛り上げ、セルビア人の支持を集めた。ミロシェビッチは連邦の中央集権化を目指し、クロアチアやスロベニアからの反発を招いた。一方、ミロシェビッチの政治姿勢は機会主義であり、純粋な民族主義でなかったことも言及しておきたい。

旧ユーゴ解体後もセルビアはモンテネグロと共に連邦を組み「ユーゴスラビア連邦共和国（新ユーゴ）」を成立。しかしボスニア紛争やコソボ紛争の対応をめぐり、欧米と激しく対立。1999年にはNATO軍による空爆を受けた。

2000年にミロシェビッチが退陣。2003年には国家連合「セルビア・モンテネグロ」に移行した。2006年にモンテネグロは独立を宣言し、現行の「セルビア共和国」となった。

一方、コソボの独立をめぐるコソボ問題は解決していない。そのため、EU加盟は実現していない。

●年表

11世紀　セルビア王国建国
1389年　オスマン帝国に敗北し、支配下に入る
1878年　セルビア王国の独立を承認
1918年　「セルビア人・クロアチア人・スロベニア人王国」に参加
1941年　ナチス・ドイツの占領を受ける
1945年　「ユーゴスラビア連邦人民共和国（旧ユーゴ）」に参加
1992年　モンテネグロと共に「ユーゴスラビア連邦共和国（新ユーゴ）」に参加
1999年　コソボ紛争により、NATO空爆を受ける
2003年　「セルビア・モンテネグロ」に国名変更
2006年　モンテネグロの独立により「セルビア共和国」に国名変更
2008年　コソボ自治州がセルビアからの独立を宣言
2012年　EU加盟候補国になる

⑧「ガタンガタンガタン」のサウンドが楽しいルーマニアの優等列車

車内の窓を開け「ガタンガタン」というサウンドを楽しむ……。日本国内ではこのような鉄道風景が急激に失われているような気がする。都会だけでなく地方でも「ガタンガタン」という音がならず、レールのつなぎ目が少ないロングレールを導入しているからだ。そんな懐かしの「ガタンガタン」サウンドを楽しめたのが東ヨーロッパにあるラテンの国、ルーマニアだ。

２０１５年11月、ハンガリー・ブダペスト東駅からルーマニア・ティミショアラ駅行きＩＣに乗車した。「ＩＣ」と言っても西ヨーロッパのようなきらびやかな国際列車ではない。ルーマニア鉄道の客車の車内は緑色がまぶしいリニューアル車だが、どこかレトロっぽさも漂う。

ティミショアラはルーマニア西部に位置し、人口約30万人の都市だ。ティミショアラを

ティミショアラ駅行き「IC」の車内

含むトランシルバニア地方は第一次世界大戦までハプスブルク帝国に属し、現在もハンガリー系住民が多く住む。１９８９年には独裁者チャウシェスクによるハンガリー系住民への弾圧により、ティミショアラで大規模なデモが発生した。結果的に、ティミショアラ発の大規模デモがチャウシェスク処刑につながった。

このようにティミショアラはハンガリーとの結びつきが強い都市なので、ティミショアラ行き列車の利用客は多いと思いきや、ガラガラだった。15時10分、列車はブダペスト東駅を静かに発車した。

ハンガリーではロングレールが使われて

いるせいか、他のヨーロッパ諸国と同じく「ガタンガタン」のサウンドはあまり聞こえてこない。ブダペストから離れるほど乗客はどんどん減っていく。ガラガラの車内から平原に沈みゆく太陽を見ながら、列車はひたすらルーマニアに向けて走っていく。

ブダペストを発車して5時間以上が過ぎ、時計を見ると20時を過ぎていた。列車はルーマニアに入った。ルーマニアに足を踏み入れた途端、「ガタンガタン」のサウンドが車内に響き渡る。それも尋常ではないハイペースだ。

日本だと「ガタン、ゴトン、ガタン」という具合だが、ルーマニアでは「ガタンガタンガタンゴトンガタンガタン」という感じ。スピードも速く、ハイペースサウンドのわりに揺れも少ない。何だかクセになりそうな音だった。

21時15分、列車はようやくティミショアラ駅に着いた。約6時間の列車旅から解放されたが、「ガタンガタン」サウンドが耳から離れなかった。

ルーマニアではティミショアラから鉄道で東へ横断し、首都のブカレストへ。ブカレストからは北東にあるヤシへ向かい、そこから隣国のモルドバへと抜けた。正直なところハードな旅路だったが、「ガタンガタン」サウンドが堪能できたことは今となってはいい思い出だ。一方、なぜスマホで録音しなかったのか……、ほんの少しの後悔があることも事実である。

ルーマニア随一の観光地、ブラショフの旧市街

ブカレスト北駅にて

ティミショアラ市内

9 郊外電車がまったく違ったリトアニアとラトビア

バルト海に面するソ連に属していた国々、エストニア、ラトビア、リトアニアは一般的に「バルト三国」と呼ばれている。私も中学生のときに呪文のように「エストニア、ラトビア、リトアニア」と何回も口に出して覚えたものだ。そうすると「エストニア、ラトビア、リトアニアは似た者同士でしょ?」とよく聞かれる。答えは「否」、似ているどころか、まったく異なる。

エストニアはバルト海を隔てたフィンランドとよく似ている。エストニア人はフィンランド人と同じフィン・ウゴル系民族に属し、エストニア語

ラトビア・ユールマラから望むバルト海、ユールマラはラトビア有数のリゾート地

とフィンランド語は似ている。

ラトビアはバルト系民族となり、歴史的経緯からドイツ文化の影響を強く受ける。そのためキリスト教プロテスタントを信仰する人が多い。

リトアニアもバルト系民族の国家だが、キリスト教カトリックの信者が多いポーランドとの結びつきが強い。バルト三国では唯一カトリックを信仰する人が多く、リトアニア語はラトビア語とそれほど似ていないという。前段が長くなったが、ラトビアとリトアニアでは鉄道の様相も大きく異なる。少なくとも郊外電車はそうだ。

ラトビアで走るソ連製の電車

ラトビアで走るソ連製の電車の車内

バルト三国のうち、ラトビアとリトアニアには2017年6月に訪れた。ラトビアの鉄道網は首都リーガを中心に郊外列車が活躍する一方、リーガ駅からの国際列車はベラルーシ方面とロシア方面だけだ（2022年8月現在運休中）。バルト海に面するリゾート地のユールマラへ行く列車はソ連製の電車だった。無骨なデザインがいかにもソ連製らしいが、塗装は緑色から黄色、白色、紺色というカラフルな配色となり、印象もガラッと変わる。車内もリニューアルされており、次駅を伝える案内表示器もある。とは言っても、モーターなど足回りは昔のまま。動き出すと下から「グォー」という重々しい音が聞こえ、鉄道関連の音を好む「音鉄」を興奮させる。

一方、リトアニアの玄関口であるヴィリニュス駅ではソ連製電車を見かけることはなかった。ヴィリニュスからリトアニア第二の都市カウナスへはチェコ製の二階建て郊外電車を利用した。リトアニアをはじめとするバルト三国の線路幅は日本の新幹線よりも広い1520ミリのため、郊外電車がとてつもなく大きく見える。車内は真新しい青地の生地が目立つ4人掛けボックスシートとなっている。車端にあるモニターでは大型の地図と列車の走行位置が表示され、いい暇つぶしになる。ラトビアのソ連製電車とは異なり、滑るような走りでモーター音はなかなか聞こえてこない。熟睡ができる分、うっかり寝過ごさないように気をつけないといけない。

なぜ郊外列車に関してラトビアとリトアニアで大きな違いがあるのだろうか。一つにはラトビア国民の自国製電車への愛着があるように感じる。ソ連時代、連邦内の電車はラトビアで製造されていたのだ。つまり、ラトビアで乗ったソ連製電車はロシア製ではなくラトビア本国製ということになる。ロシアでも自国製の電車が増え、ラトビア製のレトロな電車が減っている今日この頃。ラトビアでは これからも本国製の電車に元気に活躍してほしいものだ。

リトアニアで走るチェコ製の電車

10 ドキドキだった「未承認国家」を通るモルドバの列車

ほとんどの読者が、「未承認国家」や「モルドバ」という単語を初めて耳にするのではないだろうか。モルドバはウクライナとルーマニアの間にある九州くらいの面積を持つ国だ。

もともとモルドバはルーマニア人の国であるモルダヴィア公国の一部であったが、19世紀に起きた露土戦争によりロシア帝国領となった。その後、ルーマニア領になった時期もあったが、1940年代にソ連の一共和国に。最終的に独立を果たしたのは1991年のことだ。

人口は約260万人で、主にラテン系のモルドバ人やスラヴ系のロシア人やウクライナ人が住む。南部にはテュルク系で正教を信仰するガガウズ人が住みガガウズ自治区を構成している。

そんなモルドバには「沿ドニエストル共和国」という未承認国家がある。未承認国家とは簡単にいうと国家の体を成しているが、ほとんどの国から国家承認を受けていないところだ。もちろん、モルドバ政府は沿ドニエストル共和国の独立を承認していない。

沿ドニエストル共和国は基本的にドニエストル川とウクライナに挟まれた細長い国土を持つ。国土の東西間はとても距離が短く、場所によっては約4キロのところもある。国旗は未だにモルダビア（モルドバのロシア語読み）・ソビエト社会主義共和国時代のものを使い、赤地に緑帯、カマとハンマーの組み合わせだ。首都ティラスポリにはソ連の創始者レーニンの銅像が立ち、政治的スローガンが

ティラスポリにある未承認国家「沿ドニエストル共和国」国章

ティラスポリの博物館にて。未承認国家「沿ドニエストル共和国」国旗・ロシア国旗の上に「ロシアと共に」と書かれている

至るところで見られる。未承認国家ということもあり国連加盟国からは国家承認は受けていないが、ロシアからの全面支援を受けている。ティラスポリの歴史博物館では「ロシアと共に」と書かれたスローガンを見かけた。

そのような摩訶不思議な沿ドニエストル共和国にはモルドバの首都キシナウとウクライナ・オデーサを結ぶ鉄道路線が通る。２０１５年11月、私はモルドバ・キシナウ駅から沿ドニエストル共和国・ティラスポリ経由ウクライナ・オデーサ駅行きに乗った。

キシナウ駅発オデーサ駅行きは7時34分発しかない。朝7時前にタクシーでキシナウ駅に着き、ガランとした駅構内で切符を買う。驚いたことにモルドバの玄関口にもかかわらず、駅窓口ではクレジットカードが使えなかった。

購入した切符をじっと見ると妙なことに気づく。どうも指定席ではなく、かといって自由席でもない、駅員に聞くと「号車指定」ということがわかった。つまり乗る車両は決まっているが、座席はどこに座ってもＯＫという具合だ。国内外を含めて数えきれないほどの列車に乗ったが号車指定は初めてだった。

無骨なソ連型客車に乗り込むと車内は真っ暗。乗客は仕方がなく懐中電灯をつけながら、座りたい座席を探す。7時34分、ほぼ満席の状態で列車はキシナウ駅を後にした。

私はいつものように鉄道旅行を楽しむ余裕はなく、とあるイベントを前にして緊張していた。そう、沿ドニエストル共和国の国境通過である。沿ドニエストル共和国の国境付近では「国境審査官」により賄賂が取られるといううわさ話が旅人の間で広まっていた。

それだけでも不安なのに「外国人だから何か言われたらどうしよう」とか「ウクライナの入国審査では何か言われないか」とかいろんなことが頭に思い浮かぶ。

心配ばかりもしていられないので、車端部

キシナウ駅発オデーサ駅行きの車内

ティラスポリ駅。ロシア語（右）、モルドバ語（左）で「駅」と書かれている。ただしモルドバ共和国の公用語はルーマニア語。

にあるバーで紅茶を飲む。まるで、白装束をまとい切腹を待つ武士のような気持ちで「その時」を待った。列車は時速50キロほどのスピードで、左右にふらふら揺れながら東へとゆっくり進んだ。

キシナウ駅を発車し1時間以上が過ぎ、列車は沿ドニエストル共和国のベンデル駅、続いてティラスポリ駅に停車する。それぞれ15分ほど停車し「いよいよ入国審査がはじまるぞ」と覚悟していたが、何も起きなかった。つまりモルドバの出国審査も沿ドニエストル共和国の入出国審査もなかったのである。緊張していた分「何もない」とわかった時は拍子抜けしてしまった。その後、無事にウクライナの入国審査をパスし、12時すぎにオデーサ駅に到着した。

ところでモルドバの人々は沿ドニエストル共和国をどのように思っているのだろうか。同席した男性に話を振ると一言「ロシアがすべてを助けている。これも政治だ」と沿ドニエストル共和国の「ロシア化」をしぶしぶ承認するかのように、軽くため息をつきながら答えてくれた。

11 バケツリレー大会が開催されるウクライナ・リヴィウの路面電車

どんな町を訪れても路面電車を見ると心が躍るのは私だけではないだろう。路面電車がある街はとても歩きやすい。気軽に乗車できることは当たり前だが、道歩きの際にいい道しるべになるからだ。地下鉄やバスだとこうはいかない。

路面電車に乗るとバスや地下鉄以上にお国柄が出るような気がする。切符の購入方法を取り上げても国、都市によってバラバラだ。チェコのプラハのように車内にある非接触型クレジットカード対応の券売機から購入できるところもあれば、ボスニア・ヘルツェゴビナのサラエボのように運転士から直接購入するところもある。そういう意味合いに

人々の生活の中に路面電車が溶け込んでいる

おいて、ウクライナのリヴィウの路面電車は実にユニークだった。

先にリヴィウについて少しだけ紹介したい。リヴィウはウクライナ西部にある人口約70万人の都市だ。以前はウクライナ国内においてもロシア語読みの「リボフ」が多く聞かれたが、ロシアとの関係がこじれた後は「リヴィウ」を聞く機会が多いように感じる。リヴィウは長らくハプスブルク帝国領やポーランド領だったことから、ロシアよりもポーランドの地方都市に似ている。リヴィウ歴史地区は世界文化遺産に登録され、ウクライナ人だけでなくヨーロッパの観光客も訪れる。

私は2015年11月にリヴィウを訪れ、市内を走り回る路面電車に乗った。路面電車に乗る際は運転手にお金を渡してから切符をもらう。切符は車内にある昔ながらのパンチで穴をあけると「有効」となる。

リヴィウの路面電車でおもしろいのは混雑時に開催される車内バケツリレー大会だ。路面電車はどのドアからも乗車できるが、切符は運転手から購入しないといけない。混雑時に運転手まで行くのはものすごく難しい。そんな時はボディーランゲージで隣の人にお金を渡し、運転手に送ることを伝えよう。すると、バケツリレー方式であなたのお金は運転手に送られていく。「盗まれるのでは」という心配は一切ご無用。あなたのお金は確実に運転手に届き、再びバケツリレー方式で切符が送られてくる。切符が送られてきたら、パンチで穴をあけることを忘れずに。日本ではまず見られない光景だけに「おもしろい!」と純粋に思った。「再びバケツリレーを見たい」という思いから、短距離であってもわざわざ路面電車に乗ったものだ。

この驚きをウクライナの首都キーウに住むウクライナ人の友人に伝えると「ああ、あれね」と「それがどうかしたの?」みたいな澄ました顔で返ってきた。日本人から見ると「おもしろい」車内バケツリレーはウクライナで

リヴィウ旧市街を走る路面電車

は「あたりまえ」なのだ。改めて「あたりまえ」は人々によって大きく違うことを再認識した。

リヴィウにあるウクライナ東方カトリックの教会

世界遺産に登録されているキーウのペチェールシク大修道院

⑫ 家のベッドよりも熟睡できるロシアの寝台列車の秘密

「シベリア鉄道の乗り心地はどうですか？」シベリア鉄道完乗を果たした２０１８年12月以降、頻繁に聞かれる質問である。これに対する答えはただ一つ「家のベッドよりも熟睡できますよ！」である。

シベリア鉄道に限らず、ロシアの寝台列車はとにかくよく眠れる。何もすることがないので22時頃には電気を消して寝る。アルコールはいらない（というより

シベリア鉄道新型車両の車内

シベリア鉄道のキロポスト

寝台車では飲酒厳禁)、大した運動もしていないのに、揺れのせいか自然と眠くなる。寝台列車なので停車時のショックにより何度か目を覚ますが、再び眠ってしまう。目覚めるのはまちまちだが、朝6時か7時くらいだろうか。相も変わらずロシアの平原を走っていることを確認し、再び寝る。結局、ベッドから起き上がるのは9時くらいになる。

私の平均睡眠時間は6時間~7時間くらい。日本でそれ以上寝るとなんとなく頭が重くなる。ロシアの寝台列車では10時間以上寝ても頭は重たくならないどころか、日本では得られない爽快な寝起きが楽しめる。では、ヨーロッパやウクライナ、ベラルーシなどの他の旧ソ連諸国でも爽快な寝起きが保証されているかと聞かれると、それは違う。なぜロシアの寝台列車は熟睡できるのだろうか。

1つ目にヨーロッパと旧ソ連諸国の線路幅の違いが挙げられる。チェコやポーランドなどの中東欧諸国の線路幅は新幹線と同じ1435ミリだ。一方、ロシアをはじめとする旧ソ連諸国は1520ミリなので、線路幅が広い旧ソ連諸国の列車のほうが理論的には揺れは少ない。

2つ目は線路の状態だ。私がロシアで利用した寝台列車はシベリア鉄道やサンクトペテルブルク〜モスクワ、サンクトペテルブルク〜ムールマンスクなど比較的線路状態のいい路線だった。一方、2015年11月に夜行列車に乗車したウクライナ、オデーサ〜リヴィウ間の線路状態は悪く、常に震度5強並みの揺れが続いた。当然全く眠れず、リヴィウのホステルに着いた瞬間に、泥のように眠った。

3つ目はあまりにも抽象的だが、寝台列車が走るロシアの大地である。不思議なことに車内のベッドに横たわると、ロシアの大地に包み込まれるような感覚を覚える。あの感覚はなかなか言葉では表現しにくい。ぜひ、じっくりゆったりとした気持ちでロシアの寝台列車の旅を楽しんでほしい。

シベリア鉄道旧型車両の車内

ノボシビルスク付近の車窓

1人旅か2人以上の旅行か

「1人旅か2人以上の旅行か」という問いはロシア・中東欧旅行に限らず、旅人にとって永遠に答えが出ないテーマだろう。私は学生時代から1人旅を好んでいる。なぜなら様々な物事を自由に観察でき、いろいろな発見ができるからだ。このように友人に言うと「1人だと寂しくないか」と尋ねられる。

確かにクロアチア・ドブロヴニクのように有名観光地だと私のように独身1人旅だと厳しいかもしれない。なぜならオンシーズンになるとカップルや家族連れだらけになるからだ。かと言って、せっかく貴重な建築群がある旧市街を回避するのはもったいない。

そこでおすすめなのが雰囲気のよいホステルに宿泊することだ。ホステルは基本的に1部屋6~8人が泊まる。ロビーに行くと、観光客が必ずいる。グループ客やカップルもいるが、1人旅も案外多い。夕食になるとホステルのオーナーが皆を誘って、地元民に愛されるレストランで料理を楽しむ。そこでの旅人同士の交流はかけがえのない思い出になるものだ。そこで生まれたネタはここでは到底書ききれない。

もちろん1人で過ごしたいときは好きにさせてくれるのもホステルのいいところ。旅人の意志を最大限尊重してくれる点が私は好きだ。

「誰かいたらもっと楽しめるのでは」とふと考えたのがシベリア鉄道の旅行だった。シベリア鉄道の旅は変化に乏しく、何時間もひたすらモノクロの風景を1人で眺めた。その際、私のことをよく知る人と一緒に眺めたら、私が気づかない風景の見方を教えてくれるかも、と思ったものだ。コロナ禍後の旅行は1人旅、2人以上の旅行どちらになるだろうか。

ホステルには個室もある。チェコ・ブルノ

⑬世界一長いシベリア鉄道❶〜サバイバル？な食料確保

ウラジオストクからモスクワまで、約9300キロのシベリア鉄道を完乗したのは2018年11月末〜12月初旬のことだ。ウラジオストク発モスクワ行き「ロシア」に乗ると1週間ほどでモスクワに着く。しかし私は1週間も乗りとおすだけの根性がなかったので、ウラジオストク〜ウラン・ウデ（3日分）、ウラン・ウデ〜モスクワ（4日分）と分け、ウラン・ウデで2泊3日の途中下車をした。

シベリア鉄道で最も大変なこと、それは食料確保である。確かにシベリア鉄道の長距離列車には食堂車が連結されているが、街中の食堂より

シベリア鉄道の食堂車で食べた魚のスープ「ウハー」

「食事付き」としてカーシャが出された

も高い。そのためか、酔っ払いがたむろしている以外はいつもガラガラ。毎食、毎食ガラガラな食堂車を利用するのも何となく気が引ける。

私は「食事付き」の2等車を予約した。この「食事付き」を毎食出ると勘違いすると痛い目を見る。食事が提供されるのは1日3食分だけ。カーシャというロシアの穀物がたっぷり入った弁当（選択制）とパンやドーナッツが入った箱しか渡されない。あとは毎朝、車内でピロシキを売るおばちゃんがいる。朝食はピロシキで大丈夫だとしても、昼食や夕食は何とかしないといけない。かと言って、すべて自分で確保するのは面倒だ。こんなことを考えると、朝食＝ピロシキ、昼食＝食堂車か自力確保、夕食＝食堂車か自力確保というプランができあがった。

話は前後するが、シベリア鉄道に乗り込むときは駅前スーパーで食料を買い込むことが大切だ。しかしスーパーで悩むことになる、「何を買えばいいのか」と。おすすめしたいのはパンや野菜の総菜、そして肉類だ。反対におすすめしないものはカップラーメンとアルコール類だ。カップラーメンは想像以上に場所をとり、アルコールは食堂車を除き車内での飲酒は禁じられているため、単なる荷物となってしまう。旅を経験した今ではスラス

シベリア鉄道の食堂車

寝台室内のテーブルはいつの間にか食料でいっぱいになる

ラと書けるが、ウラジオストク駅前のスーパーでは何を買っていいのかわからず、右往左往する自分にイライラしたものだ。

結局のところ、同室のロシア人からもらった食料も利用しながらシベリア鉄道でのサバイバル生活を乗り切った。とは言っても人間の三大欲求の一つである食欲とは実に恐ろしいもの。シンプルな食事では私の欲は満たされず、モスクワでは欲を満たすために毎夜、エスニックレストランへ繰り出した。シベリア鉄道でのサバイバル生活とモスクワでの豪遊を思い出すたびに「まだまだ欲をコントロールできない、修行が足りないな」と思うのだ。

⑭ 世界一長いシベリア鉄道❷
～読書好きにとっては「天国」

シベリア鉄道の長旅はある種の修行によく似ている。なぜならシベリアの大地ではインターネットは利用できず、日本と比べれば同じような車窓風景が続く変化が少ない生活が続くからだ。友人と行けば世間話ができるだろうが、1人旅ではそうはいかない。気の合うロシア人とコミュニケーションをとるのは楽しいが、ずっとモスクワまで一緒に乗るわけではない。また正直なところ、気の合わない人がいると多少のストレスを感じる。

このように考えると「ある行為」が好きか嫌い

ロシア鉄道の線路幅は1520mmなので大きく見える

かでシベリア鉄道の旅が楽しめるかどうか決まると思う。「ある行為」とはズバリ「読書」だ。シベリア鉄道の旅ほど読書に向いている環境はないと思う。先述したとおりインターネットが使えないため変な誘惑がない。一部の2等寝台車の個室にはコンセントがあるため、充電しながら電子書籍で読書が楽しめる。個室内にコンセントがなくても、大容量バッテリーがあれば問題ない。

シベリア鉄道の車窓風景も読書にはぴったりだ。大河とバイカル湖以外は基本的に単調な風景が続くので、景色に気をとられず本と向き合える。読書に集中できる環境があり、

バレジノ駅構内では警察官の姿も見えるが、特に撮影をとがめられることはなかった

11月から12月のシベリア鉄道の車窓はモノトーンに包まれる

好きな時に眠れる、これだけのぜいたくな時間が本当にありがたく思える。

シベリア鉄道での日々は「読む、眠る、食べる」という黄金のトライアングルに集約される。時々「川だ！」と心で叫びながら大河を見たり、同席のロシア人とコミュニケーションをとる。1日3回ほどは20分ほどホームに降り、機関車や客車の写真撮影にいそしむ。

シベリア鉄道に乗ってから4年が経つが、あの時間が妙に恋しくなる時がある。そんな時はYouTubeでシベリア鉄道の動画を見るが、当然のことながら埋め合わせはできない。そう、私にとってシベリア鉄道での日々は最高に贅沢なひと時だったのだ。

シベリア鉄道の起点駅、ウラジオストク駅

ロシア連邦ブリヤート共和国にあるチベット仏教の寺院

⑮ 世界一長いシベリア鉄道❸
～車掌と仲良くなるのは難しい？

シベリア鉄道に関する書籍を読むと「シベリア鉄道の旅を快適に過ごすなら車掌と仲良くするのがコツ」みたいなことが書かれているが、私にとって車掌と仲良くするのは至難の業だ。

ここで簡単にシベリア鉄道における車掌の仕事を紹介したい。私が利用した2等寝台車では2人の女性車掌が2交替制で働いていた。車掌の役割は車内やホームでの安全確認だけでなく、乗車する客のパスポートチェックや車内の掃除も行う。床下についた雪や氷を落とすのも大切な仕事だ。

ロシア連邦ブリヤート共和国のウラン・ウデ駅に降りる

おそらく私たちの目が届かないところでも車掌は懸命に働いているのだろう。

シベリア鉄道の車掌は中年女性が多いものの、時たま若い女性車掌に出くわす時もある。モスクワ~サンクトペテルブルク間を走る高速列車「サプサン」には英語を話す車掌がいるが、シベリア鉄道の車掌は英語が話せないと思ったほうがいい。

「車掌に顔と名前を覚えてもらえないのでは」と思うかもしれないが、それはまったく心配に及ばない。先述したとおり乗車時には車掌によるパスポートチェックが行われ、人によってはあなたの顔をまじまじと観察する。ロシア人から見ると日本人は立派な外国人なので、車掌はあなたのことをしっかりとインプットするはずだ。

車掌はロシア人相手だと、軽い冗談を交えた会話をする。これをマネしようと思うのだが、なかなか難しい。決して車掌が不愛想なのではない、単に彼女らが外国人観光客とのコミュニケーションに慣れていないように思う。一応、ロシア語でコミュニケーションできる語学力はあるが、どうしても車掌とは妙な距離ができてしまう。

また、ルール違反にはやたらと厳しい。降りる際にデッキにあるごみ袋を手でよけようとすると「触らないで！」と注意された。では「車掌は意地悪か」と言われるとそうではない。注意した後は意外なほどあっさりしていた。

唯一、シャワー室の案内では車掌とまともなコミュニケーションをとった。列車によってはシャワー室があり、車掌に利用する旨を伝え150ルーブルを支払えば使わせてくれる。車掌はシャワー室まで案内し、逐一説明してくれる。その時「日本の長距離列車にはこのようなシャワー室はありませんね」と言い、若い女性車掌は「あら、そうなの」と一瞬だけ笑った。しかし残念ながら、それだけだった。このあたりは私の内向的な性格にも原因があるのだろう。

「ロシアの女性車掌と仲良くする」というミッションが達成されないままシベリア鉄道の旅を終え、帰国後に『日本式サハリン・シベリア時刻表2019』を手に取った。そこには「乗ってすぐにお土産を買っておくと、車掌のサービスが良くなるのでぜひ試してほしい」と書かれていた。シベリア鉄道に再び乗る機会があれば試したいと思う。

1等寝台車にはシャワー室もある

ウラン・ウデ駅でモスクワ行きを待つ

もともとは大河だろうか、雪に包まれていた

⑯ つらかった ロシア鉄道の切符を求めて三千里

今でこそロシア鉄道の切符を買うのはとても簡単だ。ロシア鉄道のホームページにアクセスし、乗りたい列車と座席を選択すればＯＫ。個人情報とクレジットカード情報を入力し、送られてくるＥチケットを印刷する。慣れたら5分くらいで切符を購入でき、日本の鉄道会社よりもＩＴ面では進んでいるように感じる。当日は印刷したＥチケットとパスポートを車掌に見せれば車内に入れる。

サンクトペテルブルクから北極圏の最大都市

午後にムールマンスクの丘から撮影した幻想的な風景

ムールマンスク行きの夜行列車に乗った２０１３年2月と現在では大違いだ。当時もロシア鉄道のホームページはあったが、少なくとも外国人はオンライン購入ができなかった。支払い画面でクレジットカード情報がことごとく弾かれ、ロシア旅行の壁の高さを実感した。ロシア鉄道の切符を入手するには現地の駅窓口か日本の旅行代理店で購入するのが一般的だった。

サンクトペテルブルク・ラドーガ駅発ムールマンスク駅行き列車は、約27時間を要する夜行列車である。「夜行列車だと、乗車数日前に駅窓口に行っても売り切れているのではないか」。そのような思いから駅窓口で購

2月のムールマンスク駅

鉄道旅客駅では世界最北端となるムールマンスク駅の駅舎

入という選択肢は外した。

日本にある旅行代理店の利用も考えたが、手数料の高さがネックとなった。当時は学生ということもあり、どうしてもコストを抑えないといけない。結局、ロシアの旅行代理店を利用することに決めた。細々したことは忘れたが、おそらく日本の旅行代理店よりも安かったのだろう。ロシアの旅行代理店のホームページから切符を購入し、サンクトペテルブルクにあるオフィスに取りに行くことになったが、この決定がものすごく面倒な顛末となる。

1月のサンクトペテルブルクは気温が氷点下まで下がり、雨や雪の日が多いので歩くだけでも一苦労だ。旅行代理店のオフィスはサンクトペテルブルクの中心地にある地下鉄センナヤ広場駅の近くにあり、みぞれが降りしきる中、オフィスを探すことにした。しかし1時間ほど歩いてもオフィスがなかなか見つからない。当時は「グーグルマップ」が使えず、『地球の歩き方』とオフィスの住所が書かれたメモ書きが頼りだった。「諦めようか」とも思ったが、それではムールマンスクには行けない。丸1日つぶしてもオフィスに行き、ムールマンスク行きの切符を入手すると覚悟を決めた。

ようやくメモ書きにあるビルに入り、その一角に小さなオフィスを見つけた。「オフィス」と言っても数人が入れば満杯になるような狭さだった。入るなり若いロシア人女性2人が笑顔で迎えてくれ、約束のムールマンスク行きの切符を入手。その際「ぜひ我が社の広告に使いたい」という理由から写真を撮られた。とにもかくにも切符を入手できた安ど感を今でも鮮明に覚えている。

帰国後、再び旅行代理店のホームページにアクセスしたが、私が写った写真を発見することはできなかった。一体、あの写真はどこにあるのだろうか？ どのように使われたのだろうか？ そして今でもあのオフィスはあるのだろうか？

ムールマンスクに停泊する世界初の原子力砕氷船「レーニン」

ムールマンスク中心部で子どもたちが遊んでいた

17 とにかく使いたくなるロシア鉄道のスマホサービス

海外の鉄道が日本よりも進んでいる点はWi-Fiやスマホを使ったサービスだと思う。たとえば私が訪れたヨーロッパ諸国やロシアの地下鉄では当たり前のように無料Wi-Fiが使える。日本の地下鉄ではWi-Fiが使えないことが多く、スマホの通信速度に悩まされる方も多いだろう。ここでは「ロ

車両中央にコート置き場があるあたりがロシアらしい

ロシアの高速列車「サプサン」

シアが進んでいる一例」として、ロシア、モスクワ～サンクトペテルブルク間の高速列車「サプサン」のスマホサービスを紹介したい。

「サプサン」はロシア語で「はやぶさ」を意味し、モスクワ～サンクトペテルブルク間を約4時間で結ぶ。車両はドイツ鉄道ICE3をベースにし、営業最高速度は時速250キロを誇る。まさしく「サプサン」はロシア鉄道を代表する列車である。

2019年4月に「サプサン」に乗車したが、スピードよりもスマホを使った車内サービスに感動した。4時間も乗っていると飲み物やお菓子を購入したくなるものだ。しかし日本の新幹線でもそうだが、ワゴンサービスはなかなか来ない。ワゴンサービスを待っている間にあきらめる、もしくは注文すること自体を忘れることも少なくないだろう。

「サプサン」ではそのような心配は無用だ。スマホからワゴンサービス専用ページにアクセスし、通信販

スマホを通じて購入したチョコレート

売と同じような感覚で注文できる。専用ページでは写真入りで商品が紹介されているのでわかりやすい。しかも車内無料Wi-Fiが使えるため、通信料を気にせずに注文できるのもうれしい。

早速、私は「サプサン」イラスト入りチョコレートを注文した。1分も経たずに若い男性スタッフが来た。注文品を渡してくれるのかと思いきや、残念ながら売り切れだった。10年前であれば「売り切れです」と言われるだけで、乗客は「泣き寝入り」になっていただろう。さらに驚いたのはここからの展開。男性スタッフは英語で代わりのチョコレートをすす

サンクトペテルブルク市内

めてくれ、無事にクレジットカードを使って購入できた。

スマホサービスもさることながら、男性スタッフによるスマートなサービスに感動した私。「ここ数年でロシアも大きく変わったな」と思わず、心の中でつぶやいた。あまりに便利なサービスに「どんどん注文しようか」と、思ったが、それはさすがにスタッフに失礼なのでやめた。次はどのような車内サービスが展開されるのだろうか。

サンクトペテルブルクにあるロシア美術館

ロシア美術館の館内

⑱ 超本格的なロシアの子ども鉄道

「子ども鉄道」と聞くと、どのようなイメージを思い浮かべるだろうか。多くの方はデパートの屋上にある小さな子ども向けのミニ機関車を想像するだろう。2016年7月に訪れたハバロフスクにある子ども鉄道はそのようなイメージとは180度違うものだった。

ハバロフスクは極東ロシアにある主要都市で、人口は約60万人になる。長年、極東連邦管区の「首都」であり続けたが、2018年12月にウラジオストクに変更された。ハバロフスクはシベリア鉄道線上にあり、ウラジオストクからは夜行列車で約11時間30

ハバロフスクにある子ども鉄道

分でアクセスできる。

ハバロフスク駅前からバスに乗ること約20分、子ども鉄道近くのバス停で降りた。子ども鉄道は広い公園のような感じで、想像していたものとはまったく違っていた。入場料を払い敷地内に入るが、子どもはおろか大人もいない。あたりを見渡すと建物内で真剣な眼差しで仕事前のレクチャーを受ける子ども達を見かけた。歳は小学校高学年くらいだろうか。男子のみならず女子も多い。あまりの真剣な表情にこちらが気後れするくらいだ。

ロシアをはじめとする旧東側諸国では子ども鉄道をよく見かける。共産主義時代に教育目的につくられた子ども鉄道では鉄道の仕事を通じて、労働の意義やチームプレーの大切さを学ぶとのこと。当然子ども達にも人気で、ハンガリー人の友人は「子ども鉄道」での活動を子ども時代のよき思い出のひとつに挙げていた。

駅構内を見ると、単に線路が敷かれているだけでなくポイントや信号もある。車両は実際の鉄道よりもサイズは小さいが、なかなか本格的なつくりだ。少なくとも日本の遊園地にあるような鉄道とはまったく異なる。

しばらくするとレクチャーを終えた子どもたちが外に出てきて、それぞれの持ち場に就く。やがてディーゼル機関車が駅構内に進入するが、さすがに機関車の運転士は大人だった。子ども達はてきぱきとした動作で機関車と客車の連結作業を進める。車内は小ぶりながらも実際の鉄道と同じ4人掛けのシートだ。子ども車掌は入場料を払った際にもらった切符を真剣な表情で検札する。こちらは別に悪いことはしていないが、私も少し緊張して自然と背筋がまっすぐになった。

ホームにいる細身の女の子が丸型の出発合図票を右手で挙げ、列車はゆっくりとした速

車内は2列+2列のボックスシートになっている

ポイント盤を操作する子どもたち

度で駅を出発した。車内は子どもが多いが、見物目的か年配のロシア人女性も見かける。興味深いのはコンクリート敷きの中間駅や生活道路を横切る踏切があることだ。踏切では子ども達が安全確認をしている。日本だとすぐに安全問題だのいろいろなクレームが付きそうだが、リアルな活動こそ学べるものも多いのではないか、そのようなことを考えながら子ども鉄道のショートトリップを楽しんだ。

始発駅を出発して10分くらいで青屋根の駅舎を持つ終着駅に到着した。終着駅では信号所を見学することができ、男の子がソ連製と思われる信号・ポイント操作盤を「パチン、パチン」と操作していた。見るからにおもしろそうで「私もやっていいか」と言いそうになったが、さすがに恥ずかしかったので言葉を呑み込んだ。

作業中の子どもに「将来は鉄道員になりたいか」と聞くと「なりたい」と答えた。ハバロフスクの「子ども鉄道」で育った子どもが鉄道員となり、いつの日かロシア鉄道で出くわす日は来るのだろうか。

旅と平和

２０１５年12月、３ヶ月にも及んだ中東欧旅行の終わりはキーウだった。本来ならアエロフロート・ロシア航空でキーウからモスクワに飛び、モスクワから直行便で帰国する予定だった。ところが２０１４年にロシアがクリミア半島、ウクライナ東端部に侵攻した影響により、ウクライナ・ロシア間の関係は一気に悪化した。そして旅行中にキーウ・モスクワ便の全面運休が決定した。

航空会社に電話すると「キシナウもしくはミンスクからモスクワ行きの飛行機に振り替える」とのこと。ベラルーシはビザが複雑なので、ビザが不要なキシナウを選択するしかなかった。キーウからキシナウ行きは自腹、しかも接続が悪く、キシナウで１泊することを余儀なくされた。

最終的にキシナウからモスクワ行きに搭乗したが、機内はただならぬ緊張感に包まれていた。実は前年２０１４年7月にマレーシア航空機がウクライナ上空で撃墜された悲劇があった。おそらくその悲劇の影響なのだろう、搭乗者はみな背筋をまっすぐ伸ばし全身緊張の状態に。話し声は一切聞こえず、不気味な静寂に包まれた。もちろん、客室乗務員が指示したわけではない。

数時間を経てモスクワ・シェレメチェボ空港に無事着陸した。現在でもロシア着の機内では着陸時に拍手が起きるが、この時ばかりは割れんばかりの拍手だった。先にも後にも、このような拍手を体験したことはない。今から考えると、平和や安定は空気みたいに意識しないものだが、いつでも壊れるものだと身を以って体験した。

キーウの独立広場。1930年代に発生した大飢餓を追悼するセレモニーが行われていた（2015年12月）

ウクライナとロシアの友好のモニュメント、キーウにて（2015年）

⑲ロシアの地下鉄で見られる人間模様、都市模様

「ロシアの地下鉄はとても深く、そしてホームはきらびやか」。ロシアに関する一般ガイドブックを読むと、地下鉄の紹介ページではこのようなフレーズが見られる。その通りなのだが、ここではロシアの地下鉄で見られる興味深いシーンを紹介したい。

私はモスクワとサンクトペテルブルクの地下鉄に乗ったことがある。２０２２年8月現在、モスクワ地下鉄は地上環状線も含め16路線、サンクトペテルブルク地下鉄は5路線あ

モスクワ、コムソモーリスカヤ駅

る。いずれも都心に乗り入れ、地元客のみならず観光客にとっても欠かせない公共交通機関だ。

ロシアの地下鉄にあるエスカレーターはとにかく長く、日本よりも角度が急な感じがする。高速で動く下りのエスカレーターにタイミングよく乗ると、まるで吸い込まれるような感覚でどんどん下へ降りる。私が初めてロシアの地下鉄を利用したのは10年以上も前だが、最初にエスカレーターに乗った時は思わず足がすくんだ。

このエスカレーターこそ、モスクワ住民とサンクトペテルブルク住民の違いがよくきわ立つ。モスクワでは隣を「ドタドタ」と走るようにして降りる人が多く、大阪のせっかち気質に少し似ている。しかも、隣を走るロシア人の体格（特に男性）は立派なため「ぶつかりやしないか」と恐怖を感じるのも事実だ。

一方、サンクトペテルブルクにもエスカレーターで走る人はいるが、モスクワと比べると圧倒的に少ない。雰囲気もエレガントだ。そういえば、ロシア語の教科書によればモスクワ地下鉄ではノロノロと切符を買っていると、待っている人から悪態をつかれるとか。本当なのだろうか。

エスカレーターで忘れてはならないのが、カップルの存在だ。頻繁に高速エスカレーターで熱い抱擁とキスを交わす若いカップルを見かける。「うらやましい」と思う反面、「ここで頑張らなくても」という思いもある。高速エスカレーターでキスを交わすコツはあるのだろうか。コツがあったらぜひ教えて欲しい。

エスカレーターから降りると、駅にもよるが宮殿のようなキラキラしたホームが目に飛び込んでくる。乗り初めの頃は「地下鉄に乗る」というミッションを忘れて、口をあんぐ

モスクワ、マヤコフスカヤ駅

モスクワ地下鉄の最新型車両

り開けながら、ホームを観察していたものだ。

ホームにある椅子に少しばかり座り、通りすがりの人を観察していた。すると日本の地下鉄ホームではあまり見られないシーンに気づく。それは駅出入口よりもホーム上で待ち合わせする人が多いことだ。おそらく0℃を下回る厳しい冬と広いホームのせいだろう。またソ連の創設者レーニンの銅像などのような目印も多い。

若い女性はフランス人のようにあいさつ代わりに頬にキスをしあっていた。ロシアはロシア帝国の頃からフランス文化へのあこがれを持ち、ロシア貴族はロシア語ではなくフランス語を使っていた。この若者の習慣はソ連時代からなのか、それとも最近の流行なのか。ロシアの地下鉄で人間観察、都市観察をするとさまざまな疑問が浮かんでくる。

モスクワにあるグム百貨店、クレムリンの向かいにある

広々としたモスクワ市街

20 国際列車はたったこれだけ？ 時刻表から見えてくる赤い鉄道のリアルな姿

中央ヨーロッパや東ヨーロッパでは数多くの国際列車が設定されている。試しに2020年冬版『ヨーロッパ鉄道時刻表』を開いてみよう。

オーストリア・ウィーン〜チェコ・プラハ間には高速列車「レイルジェット」がウィーン方面行き8本、プラハ方面行き7本が設定されている。ウィーン〜プラハ間の所要時間は約4時間だ。

「レイルジェット」はウィーン〜ハンガリー・ブダペスト間にも設定され、運行本数はブダペスト行き・ウィーン方面行き各7本、同区間の所要時間は約2時間40分に

東ドイツの国鉄、ドイツ国営鉄道の機関車

なる。オーストリア、チェコ、ハンガリーは原則として国境審査がないシェンゲン圏に入っているため、国内旅行のような感覚で国境を通過できる。チェコやハンガリーをはじめとする中央ヨーロッパ、東ヨーロッパ諸国がEU（欧州連合）に加盟した2004年以降、ヨーロッパにおけるボーダレス化が加速している。

それでは、ヨーロッパが自由主義圏と共産主義圏に分かれていた時代の国際列車はどのように運行されていたのだろうか。1986年春版『ヨーロッパ鉄道時刻表』を開いてみる。

当時のウィーン〜プラハ間の国際列車は自由主義圏（オーストリア）と共産主義圏（チェコスロバキア）を結ぶ使命を帯びていた。ウィーン〜プラハ行きの列車本数は上下各3本しかなく、そのうち1本は夜行列車だった。同区間の所要時間は約6時間で、現在より2時間も余分にかかっていた。また現在のウィーン〜

Table 746　PRAHA – WIEN (8, 220, 226)

279	8205	D375	537	km				D374	8208	532	278
12	2	12	12					12	2	12	12
B		M						M			B
1641a	....	0846a	....		dep.	*Berlin (Ost)* **780**	arr.	2150a	....	....	0805
1912	....	1105	....		dep.	*Dresden* **780**	arr.	1934	....	....	0513
0030	0732	1517	1902	*0*	dep.	**Praha** (Main) **810a**	arr.	1515	2016	2142	0004
0242	0953	1708	2113	*101*	dep.	Tábor **810a**	dep.	1327	1739	1928	2211
0307	1025	1731	2138		arr.		dep.	1303	1622	1857	2144
|	2	|	2	*128*		Veseli n. Lužnici		|	2	――	|
0312	1048	1733	2225		dep.		arr.	1301	1608	....	2142
0359	1208	1820	2333		arr.	České Velenice	dep.	1214	1448	....	2055
0501	1308	1900	――	*183*	dep.	🛃 *(Cz. T.)*	arr.	1154	1340	....	2031
0505	1313	1904	2103		arr.		dep.	1150	1335	E674	2027
|	12	|	2	*185*		Gmünd 🛃 *(Aus. T.)*.		|	2	12	|
0535	1334	1924	0737		dep.		arr.	1135	1235	1828	2005
0809	1600	2127	1030	*352*	arr.	**Wien** (F. J. Bf.)	dep.	0930	0934	1552	1730

B— 🛏 1, 2 cl. (Mitropa) and 🚃 Berlin–Wien and v.v.
M—VINDOBONA—🚃 and ✕ Berlin–Wien and v.v.
a— Dep. Berlin–Lichtenberg.

1986年『ヨーロッパ鉄道時刻表』プラハ〜ウィーン間のルート。現在とは異なり、ターボル経由だった点にも注目したいプラハ間の国際列車はブルノを通るが、当時はターボル経由であった。

ウィーン〜ブダペスト間の列車もハンガリーが共産主義国だったので、自由主義圏と共産主義圏を結んでいた。こちらは列車本数は上下各2本しかなく、所要時間は約4時間だった。

国境審査は自由主義圏と共産主義圏で異なっており、自由主義圏内では列車の走行中に国境審査が行われていた。一方、自由主義圏〜共産主義圏間、共産主義圏内ではいちいち双方の国境駅に停車した上で国境審査が行われていた。

さらに共産圏の国境審査では入出国のチェックだけではなく、通貨の持ち出しチェックも行われた。１９８９年〜１９９０年版『地球の歩き方　東ヨーロッパ』によると、共産主義諸国では原則として自国通貨の持ち出しは禁止。ポーランド、チェコスロバキア、ルーマニアではバウチャーなしの観光ビザで入国した際、滞在日数分の両替をするという強制両替のシステムも存在した。たとえば30日有効の観光ビザを持っていると国境審査官が車内で勝手に30日分の両替をするケースもあったらしい。今から考えると何とも恐ろしいシステムだ。

このように昔の時刻表やガイドブックを見ると、旅行者としてヨーロッパのボーダレス化のありがたみを実感する。同時にタイムスリップしたような感覚も味わえ、なかなか楽しい妄想旅行ができる。

プラハ、ホテルヤルタにある旧地下盗聴室。西側からの技術を盗んでいた

旧東ベルリン地区には現在でも東ドイツ時代を彷彿とさせる建築物がある

21 出会いはある？ない？ ヨーロッパ・ロシアの鉄道旅行

映画ファンなら1995年公開のアメリカ映画「ビフォア・サンライズ 恋人までの距離」を観たことがあるのではないか。あらすじはいたってシンプル。若い男性ジェシー（イーサン・ホーク）と女性セリーヌ（ジュリー・デルピー）がブダペスト発ウィーン方面行きの車内で出会い、ウィーン

映画「ビフォア・サンライズ 恋人までの距離」にも登場するウィーンにある喫茶店「シュペール」

ウィーン西駅で発車を待つ「レイルジェット」

で1日を過ごすというものだ。恋愛映画にありがちなメルヘンチックなイベントは少なく、ひたすら2人の会話が続く。ディープな2人の会話は多くの映画ファンを魅了し、続編も制作された。

この映画を観ると「私もヨーロッパの車内で素敵な出会いがあるかも……」と期待してしまうのではないか。実際のところ、ヨーロッパの車内で出会いはあるのだろうか。私の答えは必ずではないが日本の鉄道よりも可能性は高い、というものだ。ここでは私の体験談から、話を進めていきたい。

2011年1月、私はオーストリア、スロバキア、ポーランド、ドイツをめぐる大学の卒業旅行を楽しんでいた。旅も終盤にさしかかる頃、私はポーランド・ワルシャワ中央駅からドイツ・ベルリン中央駅行き「ベルリンワルシャワエクスプレス」に乗車した。利用した座席は6人1室のコンパートメント。ヨーロッパらしいコンパートメントだけに、ほんの少し心躍ったことを覚えている。

発車を待っていると、1人の若いポーランド人女性が入ってきた。結局のところ、私と2人になったが、どういうわけか声をかけられなかった。列車はワルシャワ中央駅を静かに発車した。

発車から2時間30分が過ぎ、列車はポーランド西部にあるポズナン中央駅を後にした。そのポーランド人女性はカバンから寿司を取り出し、ゆっくりと食べ始めた。思わず、私は「お寿司は好きですか」と質問すると彼女は「ええ」と答え、そこから日本の日常生活やベルリンのホステルに関するアドバイスで話が弾んだ。彼女はポーランド国境近くにあるドイツ・フランクフルトオーダーにある大学に通っていて、大の日本ファンであった。

彼女がフランクフルトオーダー駅で降りる前にメールアドレスをメモ帳に書いてもらい、再会を約束した。当時は今と異なり、

チェコ鉄道の2等コンパートメント

チェコ鉄道の寝台車、ワルシャワ西駅にて

気軽に海外の車内でインターネット通信ができなかった時代であった。帰国後、メールとフェイスブック・メッセンジャーで連絡を取り合い、同年の夏にワルシャワで再会を果たした。その後、彼女はポーランド人男性と結婚し、２０１９年には新婚旅行で日本を訪れ、ガイド役を務めた。今でも良い友人関係である。

振り返ると、新幹線のような2列＋2列シートではなくコンパートメントだからこそ、友達になれたのだろう。私が彼女に声をかけられたのは、プライベートが保たれる、ある程度の距離があるという環境がよかったのだと思う。残念ながらヨーロッパでも優等列車を中心にコンパートメントは減少している。読者のみなさんにコンパートメントで素敵な出会いがあることを心から願っている。

「ビフォア・サンライズ 恋人までの距離」の冒頭に登場するウィーンにある橋

22 おばちゃん駅員との仁義なき戦い

ヨーロッパの鉄道切符事情は訪欧のたびに進化しているように感じる。現在では各鉄道会社のホームページ上にて切符の購入ができ、印刷したEチケットを車掌に見せれば大丈夫だ。国内線であればEチケットのスクショでも有効の場合が多い。

私がヨーロッパでスマホを使う前、すなわち2009年~2015年までは駅窓口で切符を購

9.9. 2015 EIP(3502)
Warsaw centralna
10:35
↓
Gdańsk Gł
13:33
2 class

2015年頃までこのようなメモを作成した上で駅窓口に渡していた

ブルノ中央駅のチェコ鉄道のカウンター

入していた。その頃もインターネットで切符を購入できたと思うが、Wi-Fi環境下でないとスマホがインターネットに接続できないことから、確実な駅窓口での購入を選んでいた。ターミナル駅の駅窓口にはずらりとおばちゃん駅員が並んでいるが、このおばちゃん駅員こそがなかなかのくせ者というか、キャラが濃いのである。

２０１１年1月、ポーランド第二の都市クラクフからワルシャワへ向かう際、クラクフ中央駅の駅窓口にいた少し若いおばちゃん駅員の前に並んだ。自分の番になったので「本日のワルシャワ行きの切符を購入したい」と言った。

するとおばちゃん駅員はマイクを使って「When? When?」と声を張り上げるようにして質問してきた。思わず私も「Today! Today!」と大声で答えた。続いて「Time What Time?」と何時発の列車に乗るのかと大声で尋ねられたので、自然と大声で答えてしまった。そんな大声大会のようなやり取りが続いたので、切符を購入した際は少しだけ喉を傷めてしまった。思わず「あそこまで大きな声を出す必要があったのか」と自問してしまった。

おばちゃん駅員の中には妙に怒りっぽい人も多い。２０１５年11月、ルーマニア・ブラショヴ駅で切符を購入した際、うっかり乗車日を間違えてしまった。仕方がないので再び列に並んで買いなおすことに。自分の番が来たときに英語で「すみません、日付を間違えました。私が悪いのです。すいません」と言った。すると彼女は怒り心頭で「私は悪くない、全くあなたが悪い！」と言い放った。私は何度も「あなたは悪くない。私が悪い。すみません」を繰り返したが、彼女の腹の虫はおさまらなかった。今から考えると慇懃無礼だったのかもしれない。

駅窓口でおばちゃん駅員とお客さんがバトルしているシーンも頻繁に見かける。このような時は絶対にその列に並んではいけない。クロアチア・スプリット駅でやむを得ずお客さんとバトルしている列に並んだことがある。予想通り、おばちゃん駅員は先のお客さんへの怒りパワーを私にも向けてきた。何とか切符は購入できたものの、何とも言えない疲れを感じた。

地元民におばちゃん駅員の感想を聞くと、「私も嫌いだ」とか「ストレスに感じる」、はたまた「彼女らは給料が安いから仕方がない」という答えもあった。

冒頭で述べたとおり、今はインターネットで切符を購入するため、おばちゃん駅員に接する機会はめっきり減った。もう少し経つと彼女らが持つ「妙な人間臭さ」を懐かしく思うのだろうか。

プラハ本駅の美しい装飾

プラハ本駅の電光掲示板。乗車する列車が表示されるまで待つ

23 個性豊かな切符の数々

当たり前の話だが、鉄道がある国には鉄道会社が存在する。鉄道会社が違えば発行される切符のレイアウトも違ってくるものだ。同じように見える切符でも、よく見ると違いがあり、その違いを見つけるという行為自体が間違い探しみたいで妙に楽しい。

今まで見てきた切符の中で最も形が整っているのが、ドイツ鉄道だ。２０１５年に購入した切符を観察してみる。レイアウトはヨーロッパでよく見られる横長タイプで、上質の紙を使っているせいか厚みがある。文字は高性能の機械で印字されているようで、くっきりしており見やすい。

ドイツの隣国、ポーランド鉄道の切符はドイツ鉄道と似ているが少し違う。切符のサイズはドイツ鉄道よりも一回り小さく、国内線

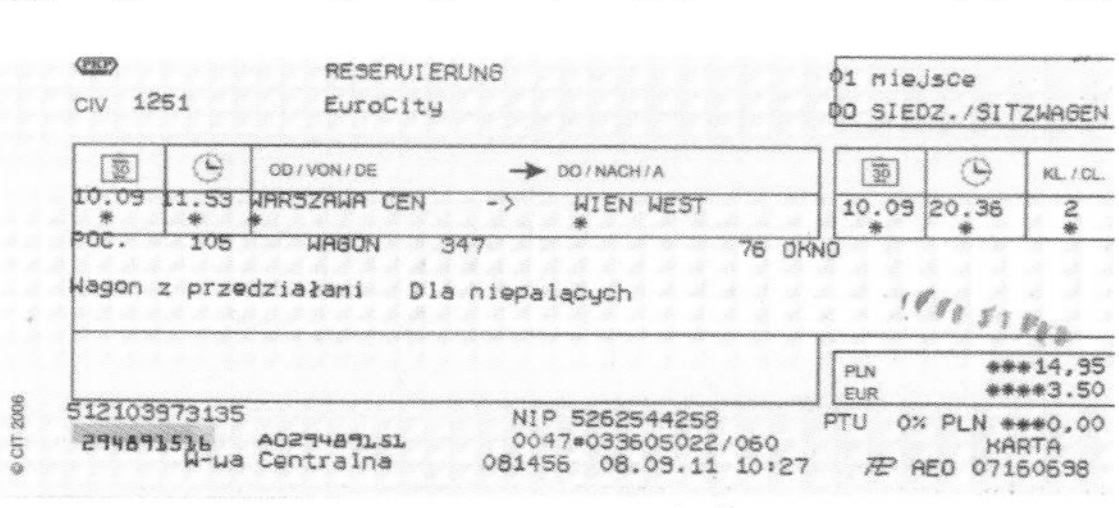
PKP
CIV 1251
RESERVIERUNG
EuroCity
01 miejsce
00 SIEDZ./SITZWAGEN
OD / VON / DE → DO / NACH / A
10.09 11.53 WARSZAWA CEN -> WIEN WEST
10.09 20.36 KL. / CL. 2
POC. 105 WAGON 347 76 OKNO
Wagon z przedziałami Dla niepalących
PLN ***14,95
EUR ****3.50
512103973135
NIP 5262544258
PTU 0% PLN ***0.00
0047*033605022/060
KARTA
W-wa Centralna
081456 08.09.11 10:27
AEO 07160698
© CIT 2006

ポーランド鉄道　ワルシャワからウィーンへの切符

は国際線の3分の2ほどだ。紙の厚さは比較的薄く、簡単に折れるのでポケットに入れやすい。興味深いのは万年筆のような青地で印字された文字で、まるでタイプライターで打ったような文字レイアウトだ。私が観察しているポーランド鉄道の切符は2011年のもの。その時はおばちゃん駅員が操作する切符発行機から「ピピピ　ガーガー」というとてつもない音を出したものだ。

すべてのヨーロッパ諸国の切符が横長スタイルかと言われるとそうではない。たとえば2011年に購入したクロアチア鉄道国内線の切符は9センチ×8センチと限りなく正方形に近い。ダルマチア地方にあるスプリットを走る近郊バスの切符も同寸法であることから、公共交通機関において切符のサイズを統一しているのだろう。驚いたのはスプリット駅発ザグレブ中央駅行きの夜行列車の切符。こちらは乗車列車や使用ベッドの番号が手書きである。後にも先にも駅で発行された切符で手書きのものはこれだけだ。

中には縦長の切符もある。ルーマニア鉄道の切符は8センチ×13センチの縦長サイズとなっており、横長の切符を見慣れた私にとっては驚きだった。縦長のせいか一瞬戸惑うものの、発車時刻や座席番号などの必要な情報は上半分に記載されている。

最もクオリティーの高い切符は、現地の旅行会社を通じて購入したロシア鉄道の切符だ。切符は、ロシアの国土とソ連時代に製造された高速列車ＥＲ２００形が背景になっている。切符の表面は透明カバーで覆われており、自ずと「この切符は大切にしなきゃ」という気持ちになる。

ここで紹介した切符は、駅窓口や旅行会社経由で購入したものだ。現在は各鉄道会社のホームページから購入でき、Ｅチケットが発行される。Ｅチケットは便利なものの、一般の切符よりは個性は少ない。ヨーロッパにおける切符の没個性化も時代の流れなのだろう。

ルーマニア鉄道 ティミショアラからシビウへの切符

ロシア鉄道 サンクトペテルブルクからムールマンスクへの切符

24 利用して楽しい食堂車、しかし注意も必要？

昭和にあり令和にない日本国内の鉄道風景のひとつとして食堂車が挙げられる。日本では一部の豪華列車や観光列車を除き食堂車は存在しない。かつては新幹線や特急列車には当たり前のように連結されていただけに、さみしく思う鉄道ファンも多いだろう。

ヨーロッパやロシア

お洒落な飾りつけが旅情をそそる

プラハ本駅方面行き「EC」の食堂車

では数は減りつつあるが、今日でも食堂車が連結されている。私も食堂車が連結されていたら、できるだけ利用するようにしている。

客車で運行されている国際列車ECには昔ながらの座れる食堂車がある。2015年10月にチェコの第二都市ブルノ駅から乗車したハンガリー・ブダペスト東駅発チェコ・プラハ本駅方面行きECには重厚な雰囲気の食堂車が連結されていた。

私は混雑を避けるために13時に食堂車に入った。昼食を食堂車でとるなら11時30分もしくは13時以降に行くのがコツだ。12時台だと混雑し、希望通りの席に座れない場合がある。

「どうせどこにでもあるようなメニューばかりだろう」と少々なめていたが、チェコの伝統的な肉料理スヴィーチュコヴァーがあることに驚いた。値段

チェコの代表的な料理、スヴィ―チュコヴァー

は約10ユーロなので、1300円ほど。食堂車であることを考えると、それほど高い値段ではない。運ばれてきたスヴィーチュコヴァーは牛肉の上にジャムがのり、野菜ベースのソースが敷いてある。そしてチェコ料理のごはんとも言えるゆでパン、クネドリーキが添えられていた。肉のうまみと少し酸味のきいた野菜ソースとの相性は抜群。ブルノ～プラハ間の山あいの風景を楽しみながらの昼食は最高だった。

ヨーロッパの食堂車はクレジットカード決済やユーロ払いができるが、ロシア鉄道が運営する食堂車には注意が必要だ。2018年5月、ベルリン東駅発モスクワ行き「ストリージィ」で食堂車を利用した。その際ユーロで支払ったが、返ってきたのは何とロシアルーブル！　帰国後「きっとレートが悪かったのだろう」と思い計算したところ、寸分の狂いもなくお釣りのロシアルーブルとユーロのレートは合っていた。

また2018年11月に乗車したシベリア鉄道の昼間の食堂車は、居酒屋になっていた。私は用があり通り過ぎようとしたが、酔っ払いのロシア人から「まあ飲め」と言われ座ることに。適当に日本のことを話し、解放してくれるかと思いきや、なかなか解放してくれなかった。酔っ払いの男性はロシア人ウエイトレスにちょっかいをかけ、彼女らも「うんざり」という表情。ロシア鉄道では食堂車以外での飲酒は禁止されているため、飲酒大国のロシアであることを考慮すると仕方がない部分もある。食堂車を通じてロシア人とお酒との関係を垣間見たような気がした。

ともあれ、食堂車は本当におもしろい。寝台列車であれば同室にいる気の合った人と行けば友達になれるかもしれない。さまざまな人間模様、社会模様が見られる食堂車万歳！

WARS

ŚNIADANIA
BREAKFASTS
Śniadanie polskie 18,50 zł
Śniadanie angielskie 20,90 zł
Jajecznica na maśle 12,90 zł
Kanapka z serem i szynką lub salami 5,50 zł
Śniadanie szefa kuchni 16,90 zł

PIADA
San Marino 11,90 zł
Rawenna 13,90 zł
Bolonia 13,90 zł
Rimini 13,90 zł
Modena 14,90 zł
Parma 15,90 zł
Ferrara 16,90 zł

WARS

PRZYSTAWKI
APPETIZERS
Bruschetta 14,90 zł
Camembert 12,90 zł
Włoski Duet 18,50 zł
Śledź w oleju 13,90 zł

ZUPY ● DANIA GŁÓWNE
SOUPS ● MAIN DISHES
Żurek 9,90 zł
Zupa szefa 9,90 zł
Kotlet schabowy 25,90 zł
Pierś z kurczaka 25,90 zł
Łosoś z sosem cytrynowym 32,90 zł
Polędwiczki wieprzowe w kremowym sosie śmietanowo-pieczarkowym 32,90 zł
Pierogi „Palce lizać" 16,90 zł
Szef kuchni poleca 26,90 zł

WARS

SAŁATKI
SALADS
Sałatka grecka 17,90 zł
Sałatka słoneczna 15,90 zł
Sałatka alpejska 17,50 zł
Sałatka kalifornijska 18,90 zł

DANIA DLA NAJMŁODSZYCH
KIDS MENU
Papardelle w sosie śmietanowym 13,50 zł
Piada „Piccolo" 14,90 zł

DESERY
DESSERTS
Torcik Latte Macchiato 12,90 zł
Deser czekoladowy z konfiturą wiśniową 10,90 zł
Ciasto 6,90 zł
W ZESTAWIE TANIEJ:
Ciasto + kawa 11,90 zł

ポーランド鉄道の食堂車にあったメニュー表

25 ベラルーシ語かロシア語か　それが問題だ

ロシアの西隣にベラルーシ共和国という国がある。日本の半分ほどの国土に約930万人が住む。人口の約8割がロシア人と同じ東スラヴ人に属するベラルーシ人、ロシア人は全体の8％ほどだ。首都はミンスク、仙台市と姉妹都市の関係にある。

ベラルーシの公用語はベラルーシ語とロシア語である。共に「ロシア文字」と言われるキリール文字を使い、文法面もよく似ている。ベラルーシ人はロシア語をネイティブ並みに理解できるが、ベラルーシ語とロシア語ではアルファベットやあいさつ、単語も異なるものがある。

私は大学の第二外国語でロシア語を学んだものの、ベラルーシ語は理解できなかった。またベラルーシの鉄道風

ベラルーシ語はロシア語と似ているが、「ｉ」などロシア語にないアルファベットもある

景を観察すると、同国におけるベラルーシ語とロシア語の不思議な関係が見えてくる。

２０１８年5月、ドイツ・ベルリン東駅からロシア鉄道が運営する夜行列車「ストリージィ」に乗り、ベラルーシ・ミンスク駅で降りた。駅コンコースにある電光掲示板を見て、あることに気づいた。「ミンスク」の表示がベラルーシ語表記“Мінск”ではなくロシア語表記“Минск”で表示されているのだ。何度となく国の首都駅を眺めてきた私だが、母国語が表示されない電光掲示板を見たのはこれが初めてだった。

それではミンスク市内を走る地下鉄はどうだろうか。地下鉄ホームの壁にはベラルーシ語とロシア語で駅名が表記されており、ベラルーシ語表記“Плошча Леніна”（レーニン広場）、ロシア語表記“Площадь Ленина”（レーニン広場）が混在している。一方、地下鉄やトロリーバスの車内放送ではロシア語はない。

ベラルーシの表玄関にあたるミンスク駅

鉄道の日常風景ではベラルーシ語とロシア語が混在しており、少なくともミンスク市民はロシア語を日常的に使用している。ホステルにいたベラルーシ人に聞くと「普段はロシア語。ベラルーシ語は読めてもうまく話せない」という日本では考えられない答えが返ってきた。

なぜベラルーシ語は弱いのだろうか。その理由の一つにソ連の言語政策が挙げられる。ベラルーシはソ連の一共和国であったが、連邦内の共通語であるロシア語教育を熱心に行った。またソ連時代の1930年代にはベラルーシ語の正書法改革が行われ、ロシア語に近いものになった。1991年の独立後も他の独立国が現地語教育に力を入れる中、ベラルーシ政府はそれほど熱心ではなかった。現在、ベラルーシ語はユネスコ（国連教育科学文化機関）により危機に瀕する言語として認定されている。

25年以上も大統領の座にあるルカシェンコ大統領（画面中央）の日常語はロシア語だ

近年になり、ベラルーシでは草の根運動により、ベラルーシ語再興の動きが出ているという。数年後にはベラルーシの鉄道風景がベラルーシ語一色になっているかもしれない。いや、すでにそうなっている可能性もあり得る。

ミンスク駅を出ると、このような光景が広がった

ミンスク市内

26 ユーゴ紛争に翻弄された鉄路

2000年以降に生まれた読者の中には「ユーゴスラビア」という単語を初めて見た方がいるかもしれない。旧ユーゴスラビア（旧ユーゴ）は1945年〜1992年までバルカン半島にあった連邦国家であり、建国者チトーは「第三世界のリーダー」として世界を代表する政治家だった。旧ユーゴは6共和国（スロベニア、クロアチア、ボスニア・ヘルツェゴビナ、セルビア、モンテネグロ、マケドニア）と2自治州（ヴォイヴォディナ、コソボ）で構成され、現在はヴォイヴォディナ自治州以外は独立国家と

1980年代のユーゴスラビアの鉄道地図。現在と違い、首都ベオグラードとボスニア・ヘルツェゴビナのサラエボを結ぶ特急列車などが運行されていた

Table 786 ZAGREB – BANJA LUKA / BEOGRAD – VINKOVCI – DOBOJ – SARAJEVO – KARDELJEVO Yugoslav Rlys. (170, 180, 205, 206)

755	741	853	143	151	753	851	297	751	153	141	km		140	750	850	296	752	152	950	740	840	940	754	852
fast	fast	fast	Exp	Exp	fast	fast	fast	fast	Exp	Exp			Exp	fast	fast	fast	Exp	Exp		fast	fast		fast	fast
12	12	12	1	1Ⓡ	1Ⓡ	12	12	12	1Ⓡ	1Ⓡ			1Ⓡ	12	12	12	1Ⓡ	1Ⓡ	12	12	12	12	12	12
◆	◆	◆	⊗	◆	⊗	⊗	◆	⊗	⊗	◆			◆	⊗	⊗	◆	⊗	⊗	⊗	◆	◆		◆	◆
2130	2205	....	....	⊗	0635	....	0950	1305	....	1520	*0*	dep. **Zagreb** arr.	1248	1822	....	1950	2115	....	....	0422	....	0855	0659	....
2237	2324	....	....	....	0735	....	1103	1406	....	⊗	*73*	dep. Sunja arr.	|	1719	....	1834	|	....	....	0310	....	0722	0530	....
2325	0024	....	0459	....	0818	....	1156	1448	....	1656	*113*	dep. Bosanski Novi ar.	1109	1627	....	1740	|	2119		0227	....	0613	0432	....
0042	0152	....	0605	....	0924	....	1312	1602	....	1808	*215*	arr. Banja Luka dep.	0957	1506	....	1622	|	2012	b	0111	....	0412	0313	....
0056	0200	....	0607	....	0926	....	1315	1605	....	1810		dep. Banja Luka arr.	0955	1504	....	1616	|	2010		0108	....	——	0259	....
0220	0320	....	0721	....	1051	....	1434	1728	....	1924	*325*	arr. Doboj dep.	0841	1335	....	1450	1647	1845		2344	....	....	0129	....
|	|	2335	|	0717	|	1015	|	|	1510	|		dep. **Beograd 781** arr.	1232		1855	|	|	2120	....	|	0455	12	|	0613
|	|	0200	|	0923	|	1230	|	|	1709	|		dep. Vinkovci **781** arr.	1010 a		1616	|	|	1900	....	|	0210	0245	|	0335
|	|	0342	|	1048	|	1411	|	|	1837	|	*0*	arr. Doboj dep.	0844		1440	|	|	1733	....	|	0030	0055	|	0138
0235	0328	0350	0723	1050	1055	1417	1442	1735	1840	1926	*325*	dep. Doboj arr.	0837	1328	1429	1443	1645	1730	2110	2336	0018	0046	0115	0133
0405	0450	0515	0835	1202	1210	1540	1601	1900	1952	2038	*437*	dep. Zenica dep.	0723	1207	1310	1325	1536	1618	1951	2213	2300	2328	2357	0015
0515	0600	0645	0935	1305	1325	1702	1715	2010	2055	2140		arr. **Sarajevo** dep.	0620	1045	1150	1205	1430	1515	1820	2056	2145	2215	2240	2300
	|	951 12	2	145 Exp 1⊗			|		2	2	*530*		2	144 Exp 1⊗		|			|	|	|	|	2	2
....	0650	0900	1405	1500	....	....	1745	....	2150	0200		dep. **Sarajevo** arr.	0751	0810	....	1137	....	....	1804	2023	2110	2148	2138	....
....	0751	1008	1521	1553	....	....	1843	....	2246	0311	*609*	dep. Konjic dep.	0633	0715	....	1041	....	....	1702	1926	2012	2051	2032	0007
....	0810	1038	1542	|	....	....	|	....	2307	0335	*630*	dep. Jablanica dep.	0608	|	....	|	....	....	1641	1904	1951	|	2010	2344
....	0843	1113	1624	1643	....	....	1940	....	2340	0419	*682*	dep. Mostar dep.	0530	0630	....	0946	....	....	1559	1827	1914	1955	1925	2255
....	0915	1145	1701	1708	....	....	2010	....	0007	0502	*723*	dep. Čapljina dep.	0444	0603	....	0912	....	....	1520	1751	1838	1912	1845	2213
....	0942	1210	1748	1734	....	....	2036	....	0030	0535	*758*	arr. **Kardeljevo** dep. for Dubrovnik §	0415	0540	....	0845	....	....	1450	1723	1805	1840	1812	2140

NOTES (LISTED BY TRAIN NUMBERS)
- BOSNA EXPRESS— and ⊗ Zagreb–Sarajevo and v.v.
- BOSNA EXPRESS— and ⊗ Beograd–Sarajevo and v.v.
- MOSTAR-DALMACIJA— and 2 cl. Stuttgart-Kardeljevo and v.v.; and ⊗ Ljubljana–Kardeljevo and v.v.; Zagreb–Kardeljevo and v.v.; 2 cl. and Stuttgart–Sarajevo and v.v.
- KOZARA— 1, 2 cl., 2 cl., and ⊗ Ljubljana–Kardeljevo and v.v., 1, 2 cl. and 2 cl. Ljubljana–Sarajevo and v.v.; 1, 2 cl. Zagreb–Kardeljevo and v.v.

754/5— 1, 2 cl., , 2 cl. and ⊗ Zagreb–Sarajevo and v.v.
840/1— 1, 2 cl., , 2 cl. and ⊗ Beograd–Kardeljevo and v.v.
852/3— 1, 2 cl., 2 cl., and ⊗ Beograd–Sarajevo and v.v.
a— Train **150** (Sarajevo dep. 0627, Doboj arr. 0840).
b— Train **142** (Sarajevo dep. 16.20, Doboj arr. 18.33).
§— connection Kardeljevo–Dubrovnik and v.v., departing Kardeljevo at 0730, 0855, 1035, 1235, 1435, 1635, 1950, 2335, and Dubrovnik at 0500, 0800, 0830, 1100, 1400, 1530, 1600, 2200, journey 115 minutes. These times should be checked locally.

1986年の時刻表ではベオグラードからサラエボ方面行の列車が運行されていた

なっている。

旧ユーゴがあれば新ユーゴもあった。新ユーゴは1992年～2003年まで存在し、2共和国（セルビア、モンテネグロ）と2自治州（ヴォイヴォディナ、コソボ）で構成されていた。ICTY（旧ユーゴ国際刑事裁判所）に起訴されたセルビア人のミロシェビッチは新ユーゴの事実上の指導者であった。

今日、旧ユーゴ諸国間の国際列車は実にさみしい。2020年冬版『ヨーロッパ鉄道時刻表』を開くと、クロアチア～ボスニア・ヘルツェゴビナ間の国際列車は休止中、セルビア～ボスニア・ヘルツェゴビナ間は2009年に直通列車が復活したものの、2012年に再び廃止となった。旧ユーゴ諸国における公共交通機関の主役はバスである。

旧ユーゴがあった1986年ではクロアチア・ザグレブからはボスニア・ヘルツェゴビナのサラエボを経由して、アドリア海に面するクロアチア・カルデリェヴォ（現プロチェ）に至る列車が1日上下各2本運行されていた。カルデリェヴォから有名観光地ドブロヴニクへはバス連絡であった。

セルビアのベオグラードからサラエボまでの列車は1日各5本が運行され、うち1本はカルデリェヴォまで足を延ばしていた。

しかし、1993年になるとボスニア・ヘルツェゴビナの時刻表が真っ白になる。当時、ボスニア・ヘルツェゴビナではボシュニャク人、セルビア人、クロアチア人による三つ巴の争いが起き、鉄道運営どころで

CROATIA/BOSNIA—936/937/938 *Subject to alterati*

Table 936 ZAGREB/BEOGRAD – ZADAR/SPLIT
All through services are suspended.

km				08
0	d.	**Zagreb**	a.	
56	d.	Karlovac	d.	
109	d.	Oštarije	d.	
177	d.	Vrhovine	d.	
227	d.	Gospić	d.	
273	d.	Gračac	d.	
	d.	Sisak	d.	
	d.	Sunja	d.	
620	d.	**Beograd**	a.	
460	d.	Vinkovci	a.	
299	d.	Novska	d.	
210	d.	Bosanski Novi	d.	
131	d.	Bihać	d.	
0	a.	Knin	d.	
341	d.	Knin	a.	
442	a.	**Zadar**	d.	
341	d.	Knin	a.	
398	a.	Perković	d.	
421	a.	Šibenik	d.	
449	a.	**Split**	d.	

Table 937 ZAGREB – OSIJEK – VINKOVCI
Service Osijek-Vinkovci is suspended. Other services are liable to alteration or suspension at short notice.

	929			931	129	933	km				930	128	932	928	
2	2	2	2	12	100	12					12	100	12	2	2
0535		0707		1340	1635	2340	0	d.	**Zagreb**	a.	0620	0930	1628		2124
↓	0655	|	0720	1430	|	|		d.	Varaždin	a.	0527	|	1611	1919	|
0715	0731	0829	0840	1519	1743	0125	92	d.	Koprivnica	d.	0350	0831	1516	1848	1956
	0831		0949	1628	1835	0250	167	d.	Virovitica	d.	0224	0729	1355	1746	
	0926		1109	1733	1931	0401	236	d.	Našice	d.	0116	0634	1251	1644	
	1002		1205	1815	2006	0505	248	d.	**Osijek**	d.	0035	0600	1210	1605	
							324	a.	**Vinkovci 935**	d.					

Table 938 ZAGREB/BEOGRAD – SARAJEVO – PLOČE
Services suspended.

km		
0	**Zagreb 936**	d.
53	Sisak 936	d.
77	Sunja 936	d.
	Bihać 936	d.
119	Bosanski Novi	d.
221	Banja Luka	d.
	Beograd	d.
	Vinkovci	d.
331	Doboj	d.
443	Zenica	d.
536	**Sarajevo**	a. / d.
615	Konjic	d.
688	Mostar	d.
729	Čapljina	d.
764	**Ploče**	a.

1993年になるとボスニア・ヘルツェゴビナのページは空白になる

はなかった。

1999年初夏版『ヨーロッパ鉄道時刻表』を見ると、93年とは異なる状況になったことがわかる。ボスニア・ヘルツェゴビナでは1995年に結ばれたデイトン合意により紛争が終わり、少しずつではあるが国内線が復活していることが確認できる。

一方、セルビアとモンテネグロで構成された新ユーゴは不安定なままで「経験の浅い旅行者にとっては、決して楽に旅行できる所ではないため、十分な注意が必要だ」と書かれている。この年新ユーゴはコソボ紛争の対応により、NATO（北大西洋条約機構）の空爆を受けた。1999年初夏版

モンテネグロ鉄道からの車窓

が日本の書店に並んだ時は空爆の最中、もしくは空爆後だっただろう。

このように見ていくと、旧ユーゴ諸国の鉄道はユーゴ紛争に翻弄されたことがわかる。紛争終結後も完全復活には程遠く、旧ユーゴ時代の見る影もない。旧ユーゴ諸国の時刻表を時代別に見比べる度に、鉄道旅行が楽しめる平和のありがたさを実感する。

ボスニア・ヘルツェゴビナのサラエボの旧市街

ドブロヴニク旧市街ではお祭りが行われていた

ボスニア

ボスニア・ヘルツェゴビナ（以下ボスニア）という国名は「ボスニア地方」と「ヘルツェゴビナ地方」を表す。ボスニア地方は国土の80％を占め、残りの20％がアドリア海近くのヘルツェゴビナ地方である。人口は約330万人だ。ボスニアには主に3民族、ボシュニャク人・クロアチア人・セルビア人が住む。この3民族はスラヴ系南スラヴ人に属する。ボシュニャク人はイスラーム教、クロアチア人はキリスト教・カトリック、セルビア人はキリスト教のセルビア正教を信仰する。言語に関してはボシュニャク人はボスニア語、クロアチア人はクロアチア語、セルビア人はセルビア語を用いるが、それぞれ文法面は似ており、お互いに意思疎通は問題ない。使用文字はボスニア語とクロアチア語がラテン文字、セルビア語はキリール文字である。

ボスニアは2つの構成体、ボスニア・ヘルツェゴビナ連邦とセルビア人共和国から成る。ボスニア・ヘルツェゴビナ連邦はボシュニャク人とクロアチア人、セルビア人共和国はセルビア人で構成され、まるで1つの国の中に2つの国があるような感じだ。

歴史も波瀾万丈だ。19世紀後半、ボスニアはハプスブルク帝国の直轄領であった。1914年、ハプスブルク帝国皇太子フェルディナント大公夫妻がセルビア人青年に暗殺された。ここから第一次世界大戦がはじまったのである。

第一次世界大戦後は「セルビア人・クロアチア人・スロベニア人王国」に属した。第二次世界大戦期はナチス・ドイツの傀儡国家「クロアチア独立国」の支配下に入った。ボスニアはクロアチア独立国とチトー率いるパルチザン部隊、セルビア人民族主義グループの三つ巴の戦いとなった。この三つ巴の勝負に勝ったのがパルチザン部隊である。第二次世界大戦後、ボスニアはチトーが建国した「ユーゴスラビア連邦人民共和国（旧ユーゴ）」を構成する一共和国となった。後進地域であったボスニアは工業化が進み、飛躍的な成長をとげる。1984年にサラエボでサラエボ・オリンピックが開催された。

しかし1990年代は民族主義が勃興し、血みどろの争いになった。1992年にボシュニャク人を中心に独立を宣言すると、セルビア人が強行に反対した。当初はボスニア人・クロアチア人とセルビア人との対立であったが、後に3民族の三つ巴の争いに。また隣国のセルビアやクロアチアがボスニア紛争に介入し、紛争は泥沼に陥った。

1995年、アメリカのデイトンで「デイトン合意」が成立し、ボスニア紛争は終わった。これ以降、紛争は起きていないが、民族同士の和解が進んでいるとは言い難い。

●年表

14世紀　ボスニア王国を建国
1463年　オスマン帝国の支配下に入る
1878年　ハプスブルク帝国の支配下に入る
1918年　「セルビア人・クロアチア人・スロベニア人王国」に参加
1941年　ナチス・ドイツの傀儡国家「クロアチア独立国」の支配下に入る
1945年　「ユーゴスラビア連邦人民共和国（旧ユーゴ）」に参加
1984年　サラエボ・オリンピック開催
1992年　旧ユーゴからの独立を宣言、本格的な紛争に突入
1995年　「デイトン合意」成立
2022年　EU加盟候補国になる

27 広い心で楽しみたい鉄道旅行

みなさんは「鉄道ファン」という単語にどのようなイメージを持たれるだろうか。もしかしたら目の前の列車の形式をパッと答える人を想像するかもしれない。確かに、車両そのものに着目する鉄道ファンは少なくない。というより、そちらの方が多数派であろう。

私も幼い時から鉄道が好きで、小学校や中学校の頃は地元を走る珍しい列車の追っかけをよくやっていたものだ。しかし、高校生になると鉄道趣味に陰りが見えだした。いま振り返ると、楽しくないというより疲れたという感覚の方が近かったのかもしれ

ポーランド・ポズナン中央駅で発車を待つワルシャワ中央駅方面行きTLK

ない。形式名とかを覚えるのが苦痛に感じたのだろう。この頃からロシアや中央ヨーロッパ、東ヨーロッパに興味を持ち始め、「大学ではお金を貯めてバックパッカーをしよう」というのが高校時代の目標のひとつであった。

大学では、授業やサークル活動を通じて視野が広まった。ゼミでは旧ユーゴの現代史を学び、趣味では映画鑑賞などの新たな分野にも進出できたように思う。大学3年生でオーストリア、スロバキア、チェコを鉄道で訪れたが、形式名にとらわれることなく小さな子どものように鉄道旅行を楽しめた。その時から再び趣味としての鉄道に火が灯ったような

シベリア鉄道の長い貨車

チェコ製の路面電車が活躍するラトビア・リーガ市電

気がする。ロシアやヨーロッパの鉄道を調べていくと、大学で学んだ現代史や映画ともリンクしていることがわかり、鉄道旅行の奥深さを感じた。

現在は形式名も見るが、それよりも広い心、広い視野で鉄道旅行を楽しむように心がけている。また、現代史と時刻表との組み合わせ企画もどこかのタイミングでやりたいという願望を持っている。

私の鉄道旅行は形を変えながら走り続けているのだ。

リトアニア・ヴィリニュス市内を走るトロリーバス

ヴィリニュス駅の切符売り場

■参考文献リスト（ヨーロッパ・ロシア）

大賀寿郎『路面電車発展史』2016年、戒光祥出版
廣瀬陽子『強権と不安の超大国・ロシア　旧ソ連諸国から見た「光と影」』2008年、光文社
廣瀬陽子『未承認国家と覇権なき世界』2014年、NHK出版
松村高夫・矢野久『大量虐殺の社会史―戦慄の20世紀』2007年、ミネルヴァ書房
柴宜弘・石田信一『クロアチアを知るための60章』2013年、明石書店
柴宜弘・山崎信一『セルビアを知るための60章』2015年、明石書店
柴宜弘・山崎信一『ボスニア・ヘルツェゴヴィナを知るための60章』2019年、明石書店
服部倫卓・越野剛『ベラルーシを知るための50章』2017年、明石書店
川端香男里　他『新版ロシアを知る事典』2004年、平凡社
萩原直　他『新版　東欧を知る事典』2015年、平凡社
一般社団法人海外鉄道技術協力協会『世界の鉄道』2015年、ダイヤモンド・ビッグ社
『トーマスクック　ヨーロッパ鉄道時刻表』各号、ダイヤモンド・ビッグ社
『ヨーロッパ鉄道時刻表2020年冬ダイヤ号』2020年、ダイヤモンド・ビッグ社
『地球の歩き方』各号、ダイヤモンド・ビッグ社
樺太庁陸地測量部『日本式サハリン・シベリア時刻表2019』2018年、密林社
Jugoslovenske Železnice,Red Vožnje, 1981

おわりに

本書の元になった『ロシア・ヨーロッパの鉄道旅行について書いてみた』を書き上げたのは２０２０年5月20日のことだった。当時は新型コロナウイルスの実態がわからず、一方では「短期間で混乱は終わるのでは」と淡い期待を持っていた。

しかし淡い期待は見事に打ち砕かれ、２０２２年2月24日に始まったロシアとウクライナとの戦争が追い打ちをかけた。世界ならびに日本は先が見通せない混とんとした状況になっている。

このような中で、装いも新たに大々的に本書が世に出たことは、大変意義深いことだと思っている。本書で取り上げたロシア、中東欧は良い・悪いは別にして、国境線が頻繁に動く地域でもある。他にも日本に住んでいると驚くことがたくさんあり、日本の当たり前が実は当たり前ではないことに気づくだろう。きっと視野が広がるはずだ。

ところで本書で取り上げたエピソードの中には学生時代に体験したことも含まれる。学生生活にピリオドを打って約10年が経過したが、当時の旅行で得た収穫は辛い時の励みになっている。

大学生の中には社会情勢、国際情勢の変化により、学生生活に希望が持てないという方もいるだろう。どうか本書を通じて、少しでも希望を見出してくれたら、筆者にとってこれ以上の喜びはない。

本書は2022年6月に開催された「クリエイターEXPO」にて、三冬社の佐藤公彦氏に声をかけて頂いたところから出発した。いろいろとサポートして頂き、最後に深くお礼を申し上げたい。

帰国便からの風景

【著者プロフィール】

新田 浩之

1987年兵庫県生まれ。関西大学文学部卒業、神戸大学大学院国際文化学研究科修了。関西の鉄道や中欧・東欧の鉄道旅行をテーマとした執筆活動を行なう。著書に『ロシア・ヨーロッパの鉄道旅行について書いてみた』（パブフル）、『関西の私鉄格差』（河出書房新社）がある。

ヨーロッパ〜東欧〜ロシア
いろんな民族と言語に出会う 鉄道の旅

令和5年2月10日　初版印刷
令和5年2月25日　初版発行

著　者：新田 浩之
発行者：佐藤 公彦
発行所：株式会社 三冬社
〒104-0028
東京都中央区八重洲2-11-2 城辺橋ビル
TEL 03-3231-7739　FAX 03-3231-7735

印刷・製本／中央精版印刷株式会社

ISBN978-4-86563-093-0